Popom Olmadan Asla!

Şişman Kız

Dizüstü Edebiyat - 30

Popom Olmadan Asla!
En Çok Kendimi Yedim
Şişman Kız

ISBN: 978-605-5134-57-0
Yayıncı Sertifika No. 16208

1. Basım: İstanbul, Ağustos 2014

Yayın Yönetmeni: Cem Mumcu
Yayın Koordinatörü: Ayşegül Ataç
Editör: Anıl Helvacı
Redaktör: Meltem Türkeri

Dizi ve Kapak Tasarımı: Ebru Demetgül
Sayfa Tasarımı: Deniz Dalkıran

Baskı ve Cilt: Pasifik Ofset Ltd. Şti., Cihangir Mah. Güvercin Cad. No. 3 Baha İş Merkezi A Blok Avcılar-İstanbul – Tel.: 0212 412 17 77
Matbaa Sertifika No. 12027

Eser, 60 gr kâğıt üzerine 10,5 puntoluk Palatino fontuyla dizilmiştir.

Bu eserin yayın hakları Okuyan Us'a aittir. Her hakkı saklıdır. Tanıtım için yapılacak kısa alıntılar dışında yayıncının yazılı izni olmaksızın hiçbir yolla çoğaltılamaz.

© Okuyan Us Yayın Eğitim Danışmanlık Tıbbi Malzeme ve Reklam Hizmetleri San. ve Tic. Ltd. Şti.

Kurucu: Cem Mumcu
Genel Müdür: Çiğdem Şentürk
Kreatif Direktör: Ebru Demetgül
Satış Müdürü: Özgür Doğan

Adres: Fulya Mah. Mehmetçik Cad. Gökkuşağı İş Merkezi No. 80 Kat: 3 Fulya, Şişli, İstanbul Tel.: (0212) 272 20 85 - 86 Faks: (0212) 272 25 32

okuyanus@okuyanus.com.tr
www.okuyanus.com.tr

Popom Olmadan Asla!

En Çok Kendimi Yedim

Şişman Kız

İçindekiler

Şu dünyadaki en zor şey popomu kaldırabilmek 7
Aysel Teyze övülmeye doyamıyor 11
Özledim ulan özledim, hesap mı vericem! 16
Bakar mısınız, bir duble boy azim alabilir miyim acaba? 19
Kesin başına bir şey geldi yoksa mutlaka arardı! 23
Yok canım ayrılmamıştır, ayrılsa yerimde duramazdım 31
Eski dosttan düşman olmaz... 36
İlişkide tehlike çanları: "Sen çok iyi bir insansın aslında" 39
Ufukta beliren o ışık güneş de olabilir, aile boyu pizza da 41
92 kiloya doğru, aç ve öfkeli... 46
Zayıf mayıf ama iyi kız be!.. 49
Pardon, göz zevkinizi mi bozuyorum acaba? 56
Banyo setiyle hayata tutunun 61
Düğün... 65
Diyetten önce son çıkış 75
Popom olmadan asla 78
Aysun Hanım ve kelepçeli seks seti 86
Diyete başladım, esnaf kan ağlıyor 92
Banyo setinin laneti.. 96
"Su aygırı mısınız hanımefendi?" 102
Murat Bey pardon, mutluluğumla aramda duruyorsunuz 110
Kız Mestan yine çıkmış göbeğin 116
İki kelimeye sığan mutsuzluk: "Bedeni yok..." 120
Ya gelmezse?... 125
Yapmayalım Nurten Abla! 134
Geldi.. 137
Facebook hacklemeyi biliyor musun tatlım? 145
Peki ben şimdi ne yapacağım?... 148
(...)... 157
Neysem neyim, ben ben'im 161

Bölüm 1

Şu dünyadaki en zor şey popomu kaldırabilmek

Kaç gündür bu koltukta yatıyorum acaba?

Kaç gündür doğru düzgün bir şeyler yemiyorum? Üç mü, beş mi, on üç mü, on beş mi? Zaman kavramımı yitirmiş gibiyim. Çiçekler de susuzluktan kurumuştur. Üstüm başım leş gibi, saçlarım yağlanmış, ojelerim soyulmuş. Etrafta üst üste yığılmış hazır yemek paketleri, boş poşetler, ağzına kadar dolu kül tablaları. İçeride ağır bir koku var. Bozuk yemek ya da daha çok küf gibi. Pencereyi en son ne zaman açtım? Vanilya kokusu da duyuluyor zar zor. İyi ki zamanında şu kokulu şişelerden almışım. Ve bolca çakmak yedeklemişim. Böyle bir zamanda en gerekli olan iki şey bunlar herhalde. Bir de peçete. Peçetesiz olur mu? Hatta peçete hepsinden de önemli bence. Şöyle yumuşak, fazla kalın olmayan ama hemencecik de yırtılıp dağılmayanından. Yoksa insanın burnunu yara yapar. Sonra bir de onunla uğraş.

Kalkıp çiçeklere su vermeliyim. Ortalığı toparlamalıyım. Kendimi toparlamalıyım.

İşyerinde günlerdir neler oluyor acaba? Yeni yüzükler sipariş etmiştim en son. Gelmişler midir? Gelmişlerdir tabii. Neyse, kızlar halletmiştir. Telefonuma bakmak istemiyorum. Onlarca cevapsız çağrı vardır kesin. Kimseyi geri arayacak hâlim yok. Kimseye dert anlatacak, yalandan iyiymişim gibi yapacak ya da kimseden moral dolu sözler işitecek havada değilim.

Zaten insanın morali bozuk olmaya görsün, etrafta hemen akıl hocaları türeyiverir. Hatta hepsinin acıları benimkinden daha da büyüktür. "Aman üzüldüğün şeye bak" tavrıyla bir de kendi dertlerini anlatıp, insanı daha da üzerler. Sonra da "Boşver gitsin" derler. Ne kadar kolay değil mi boşvermek? "Evet ya, ben boşvereyim, doğru dedin. Nasıl düşünemedim ki bunu?" Boşverilemiyor o durumdayken işte, anlamıyorlar ki.

Hani ölürken insanın hayatı film şeridi gibi gözlerinin önünden geçer derler ya. İşte aynı öyle, yaşadığımız şeyler günlerdir gözümün önünden gitmiyor. Bazı sahneler ağır çekimde tekrarlanıyor, bazıları art arda defalarca. Birazcık keyfim olsaydı, izlerken koca bir kâseye patlamış mısır doldururdum. Yanına da şöyle buzlu bir gazoz. Ama yok, zerre kadar iştahım yok. Öylece durup izliyorum. En son kahkahalarla güldüğümüz şu yastık kavgasını kim bilir kaç kez izledim mesela.

Resmen ön hazırlık yapmıştık o gün. Güya her taraf, filmlerdeki gibi kuş tüyü olacak diye, koltukların üstüne naylon bile geçirmiştik. Davut'u komşuya vermiştik. Aklıma gelince yine gülüyorum. En sonunda yastıklar patlamayınca, makasla kesip içindeki yünleri birbirimize atıp hevesimizi öyle almaya çalışmıştık.

Yaptığımız yemekler, içtiğimiz şaraplar, izlediğimiz filmler, tatlı atışmalarımız, son sözleri ve kapanış.

Bu kadar güzel bir filmin sonu böyle bitemez. Bitmemeli. Bu da filmin içinde küçük bir bölüm olmalı, o kadar. Tekrar devam edecek her şey kaldığı yerden. Etmeli.

Onu çok özledim. Onu, hayatımda hiçbir şeyi özlemediğim kadar çok özledim.

Neden? Kafamda kocaman bir soru işareti var. Neden? Hiçbir şey söylemeden, durup dururken, ortada hiçbir şey yokken, hiçbir sebep göstermeden neden? Neden böyle çekip gitti?

Oysa her şeyi konuşabiliyorduk biz. Hiç kimseye anlatamadığımız şeyleri saatlerce, günlerce birbirimize anlatıyorduk. Yaşadıklarımızı değil sadece, düşündüklerimizi, aklımızın ucundan geçenleri bile. O gün ayrı yerlerdeysek, güzel bir şey görmüşsem, hemen akşam eve gitsem de ona anlatsam diye düşünürdüm. Anlatırken, benimle aynı heyecanı yaşardı hep. Sanki o şeyi ikimiz görmüşüz gibi olurdu. Birlikte değilken bile, birlikteymişiz gibi olurdu.

Acaba şimdi ne yapıyor? Ne düşünüyor? Ne yaşıyor? Dudağında uçuk çıkmıştı, ilaç almış mıdır? Sürmüş müdür? Acıyor mudur?

Telefonuma baksam iyi olacak. Onun melodisi hiç çalmadı ama ya mesaj gönderdiyse? Bunu nasıl düşünemedim ben? Evet, mesaj göndermiş olabilir.

Şimdi burada telefonu ara ki bulasın. Ortalık savaş alanı gibi. En iyisi önce bir ayağa kalkayım ben. En zor olan kısmı o çünkü. Popomu kaldırabilmek. Dünyanın en ağır şeyiymiş gibi geliyor bana. Popomdan koltuğa yapıştırılmışım sanki. Oturduğun yerden ayağa kalkmak ne kadar çok enerji gerektiriyor. Ya hep oturmalı insan ya da hep ayakta durmalı belki de. Şöyle bir hışımla kalkmalıyım şuradan. Sonrası zaten kendiliğinden gelir. Nereden başlayacağımı bilmiyorum ki. Şu çöpleri toplayıp kapıya koyayım. Telefon da bir yerden çıkar elbet.

Kilo: 92,4

Göbeğime ve popoma ayrı nüfus cüzdanı çıkarabilirim.

Bölüm 2

Aysel Teyze övülmeye doyamıyor

Ayşegül'e laf anlatmak, deveye hendek atlatmaktan zor. İnatçılıkta sınır tanımaz. Üstelik de çok ısrarcı. Bir şeyin cevabı ya evettir ya da hayır. Yani ısrar ederek bu cevabı değiştirmeye çalışmak ne diye? Neden insanlar ilk cevabı kale almayıp, ille de kendi istedikleri şeyi yaptırmak için uğraşırlar.

Annemin çok yakın bir arkadaşı vardı. Aysel Teyze. Benim kilo almamın sebebi bence o kadın. Psikoloğa gidip çocukluğuma dönsem, o kadın kesin oradan bana bir şeyler yedirtmeye uğraşır yine. Gerçi o yedirmese bile, çocukluğa gide gele ben terapi başı yine bir 5 kilo alırım. Çünkü o zamanlar ne güzel pamuk şekeri, leblebi tozu falan vardı. Yemeden geri gelmek olmaz, arkamdan ağlarlar. Onları üzmek istemem.

- Allah aşkına ye bak, kendi ellerimle yaptım. Ölümü gör ye. Bir lokma ye, beğenmezsen daha yemezsin.

Böyle pazarlık ederdi Aysel Teyze. "İstemiyorum, tokum" falan gibi cevapları asla kabul etmezdi. İlle sen de tehditle cevap vereceksin.

- Yersem kusarım. Şuraya kusarım, bak halın mahvolur Aysel Teyze.

Ama bu da kesin kurtuluş olmazdı.

- Eh peki o zaman. Bir tabak ayırayım, sonra evde yersin. Ya şimdi ya sonra ya bir gün, o mutlaka yenecek yani. Başka bir seçenek yok.

Belki de o anda, en acilinden güzel bir söz işitmek istiyordu Aysel Teyze. Çünkü haydi bir çatal alayım dedikten sonra "Harika olmuş! Ellerine sağlık" falan dersen sakinleşebiliyordu ancak.

Ama bazen bu kadarı da kesmezdi onu, daha çok övmem gerekirdi.

- Muhteşem olmuş gerçekten.
- Cidden mi? Beğendin mi?

E beğendim? Muhteşem kelimesi olumlu, güzel bir şey değil mi?

- Evet, çok beğendim. Sosu falan müthiş.

Of sosa niye girdim ki şimdi ben?

- Ay o sos özel tarif. Çok uğraştım onunla. Biraz katı oldu ama...

Bu onun tuzaklı cümlesiydi mesela. Artık ezberlemiştim. Böyle sonu 'ama' ile biten ve eleştiri içeren cümleyi asla onaylamamalıydım. Yoksa yanardım. Bir anda bir depresyona girer, sonra akşam 10'a kadar oturup anneme iç dünyasındaki bütün buhranları anlatırdı.

Şimdi düşünüyorum da, kim bilir Aysel Teyze'nin kocasıyla, çocuklarıyla, hayatıyla ilgili ne sıkıntıları vardı.

- *Yok yok, gayet sıvı. Gayet leziz. Böyle sos tatmadım ben hayatımda Aysel Teyze. Bunu ancak senin gibi olağanüstü bir insan yapabilirdi. İnsan mı dedim? Pardon. Sen insanüstü bir varlıksın Aysel Teyze.*

Aysel Teyze kendini mutlu, huzurlu, başarılı ve muhteşem hissedene kadar ne gerekiyorsa söylemelisin. Yemek deyip geçmeyeceksin yani, o tabakta onun tüm manevi dünyası yatıyor.

Zaten ne geldiyse başıma, bu yemeklerden geldi.

Eski mahallemizde bir Salih Amca vardı. Babamın en iyi tavla arkadaşıydı. Yenilince adamın yedi sülalesine küfredilmiş gibi sinirlenirdi. Babam o yüzden, ona ara sıra bilerek yenildiğini söylerdi. Salih Amca bir gün şöyle demişti:

- Kızım insanın en büyük dostu da düşmanı da ağzıdır. Başına ne gelirse bu ağzından gelir. Ya yediğinden ya dediğinden.

Haklıymış. İşte ben de ara sıra Ayşegül'e sert çıkıyorum ama anlamıyor bir türlü, ne yapayım. Tutturdu, ille sinemaya gidelim diye. Bırak evden çıkmayı, gidip bir şeye konsantre olmam şu anda mümkün değil. Hele film asla izlemem. En azından Okan geri dönene kadar.

- Bana gel Ayşegül ya, ne sineması şimdi?

Ki bana gelmesini bile istemiyorum. Şu anda en iyi dostumla bile görüşmek istemiyorum. Sadece yalnız kalmak istiyorum.

- Bir dışarı çık, bir hava al. Kendine gel. Ne bu ya?
- Kendimdeyim ben Ayşegülcüğüm. Sadece dışarı çıkmak istemiyorum, o kadar.
- Hah, tam depresyon belirtileri.
- E o kadarcık olsun izninle.
- Değer mi? Bana bunu söyle. Şu yaptığı şeyin üstüne senin böyle üzülüp ağlamana değer mi?
- Konu değip değmemesi değil. Üzülmek istiyorum ben belki? Üzülmeye ihtiyacım olamaz mı?
- O nasıl bir ihtiyaç ya? İyice saçmalıyorsun.
- Düşünmek istiyorum biraz Ayşegül, tamam mı? Yalnız kalıp düşünmek istiyorum. Hem evden çıkmak istemiyorum şimdi.
- Aman çıkma, otur orada turşunu kur.
- Canım istemiyor yoksa kurardım.
- Bir şeyler yedin mi sen?
- Yiyorum yiyorum da pek iştahım yok.
- Aman iyi, belki kilo verirsin böylelikle bak. Şaka bir yana, sen yine de ye, boşver. Hasta masta olma kızım.
- Yok, bir şey olmaz.

Bence Ayşegül bana destek olmaya çalışmakla birlikte bir yandan da kendi vicdanını rahatlatmak istiyor. Çünkü kendini suçlu hissediyor. Çünkü Okan'la tanışmamın sebebi Ayşegül.

Kilo: 91,3

Kilo değil, su gitmiştir kesin. Hep öyle olur bende, durmadan su gider. Tek rakibim Ömerli Barajı.

Bölüm 3

Özledim ulan özledim, hesap mı vericem!

"Seni çok özledim" yazayım diyorum. Gayet sade ve net. Ama o da çok fazla sade. Hem içinde bir talep yok. Özledim. Eee? Görmek istediğimi falan da eklemem lazım. "Seni çok özledim, bir an önce görmek istiyorum" desem? Bu da olmaz. Sanki sekreterimden dosya istiyormuşum gibi; "O dosyaları sabah masamda görmek istiyorum!" yazayım bari. Of, delirmek üzereyim. Mesaj yazmakta hiç bu kadar zorlanmamıştım. Uzun bir şeyler mi yazsam? Evet, uzun uzun yazayım işte. Ne düşündüğümü bilsin. "Seni çok özledim. Seni kırdığım için özür dilerim."

Evet, kesinlikle özür dilemeliyim. Bazen çok sıktım onu. Yersiz kıskançlıklar yaptım. Bir iş bulması için baskı kurdum üstünde. O da yetmedi, bir de o gerizekâlı arkadaşı Ahmet'le arkadaşlığını kesmesini istedim. Fazla karıştım onun hayatına. Adam da sıkıldı gitti işte.

Hepsini geçtim, benim yersiz komplekslerimi kim çekerdi ki zaten? Kendimle ilgili aşağılayıcı şeyler söyleyip durdum hep. Üstüme basit bir tişört bile geçirsem, "Of göbeğim çıktı, ne iğrenç gözüküyor değil mi?" derdim. Gömleğinin düğmesini yamuk yumuk diktiğimi ve hatta elimden hiçbir iş gelmediğini söylerdim. Ampul patladığında "Ay ben beceremem onu takmayı" derdim. Bazen canı balık çekerdi, onu bile temizleyemezdim.

Belki onun hiçbir zaman farketmeyeceği yanlarımı, bağıra çağıra tüm dikkati üzerlerine çekerek ona gösterdim. Göbeğim vardı, çıkıyordu; düğmeyi o kadar dikebiliyordum; ampul takmayı denemeliydim; balık temizlemek hiç de zor değildi oysa. Sakin, olgun ve öğrenmeye açık olmalıydım. Belki tüm kusurlarımla sevecekti beni?

Diyete başladım, açlık krizlerine girip sinirimi ondan çıkardım. Sonra diyeti bozdum. Hem de on binlerce kez. Sonra yine on binlerce kez "Yok, bu sefer kesin yapıyorum. Bak gör!" diye onu da ikna etmeye çalıştım. Tam bana inanıp, beni desteklemeye başlarken tekrar bozdum. Böylece bana olan güveni, saygısı yok olup gitti tabii. Sürekli olarak kendi içinde mutsuz, her şeyi dert eden, olumsuzlukları bulup cımbızla çeken, habire başkalarının ne düşündüğünü düşünen birini kim sever ki?

O sevmişti işte. Tüm bu saçmalıklarıma rağmen beni sevmişti. Benden bir yaş küçük olmasına rağmen, aramızda 10 yaş fark varmış gibi olgundu her zaman. Dünyanın en saçma şeyini bile anlatsam, sözümü kesmeden dinler; sonra da olaya benim hiç bakmadığım bir açıdan bakarak kusursuz şekilde tatmin ederdi beni.

Sanırım onunla ilgili en sevdiğim özellik buydu. Beni asla yadırgamadan, eleştirmeden dinlemesi. Her şeyi büyük bir serinkanlılıkla karşılaması. Her duruma uygun bir çözüm üretebilmesi. Ayrıca zekâsı, esprili olması. Şöyle bir düşününce, onu sevmem için o kadar çok haklı sebebim var ki. Ve ben bunun yerine, tamamen kendi buhranlarımla ona ilişkiyi zehir ettim.

"Seni çok özledim. Biliyorum zaman zaman seni gereksiz yere üzdüm. Ama ben seninle hiç olmadığım kadar mutluydum. Seni çok merak ediyorum. Dudağın nasıl? İlaç al, tamam mı tatlım? Ne yazacağımı bilemiyorum. Seni çok seviyorum Okan. Lütfen bunu bir saniye bile aklından çıkarma. Sorun her neyse benimle konuşabileceğini biliyorsun. Ben buradayım. Senin için. Ve her zaman da öyle olacağım birtanem. Seni seviyorum."

Kilo: 91,6

*Tartılarla aram kötü. Tartılarla kötü ama
elmalı tartla oldukça iyi.*

Bölüm 4

Bakar mısınız, bir duble boy azim alabilir miyim acaba?

Sanki benim hiç derdim yokmuş gibi, hem işyerinde hem de babamlarda sorunlar çıktı. Sadece bir hafta yoktum ortalıkta. Bir yıl içinde olmayan şeyler, bu bir haftayı beklemiş sanki. Gelecek olan mallar gelmemiş, ödemeler eksik alınmış, sakar Mine sonunda dükkânın gözbebeği olan kristal avizeyi kırmış, babamın tahlil sonuçları kaybolmuş ve kardeşim son model cep telefonu isterim diye evi birbirine katıp durmuş.

Belki de tüm bunların şimdi olmasının sebebi, evrenin "Gel, ben sana biraz başka dertler vereyim de aklın dağılsın" diye beni kendince teselli etmeye çalışıyor olmasıdır.

Ben ne zamandan beri böyle pozitif düşünmeye başladım acaba? Evren de benim gibi dengesiz herhalde. Ne yaptığının farkında değil. Beni en teselli edemeyeceği zamanda, benimle dost olmaya mı karar verdi? Şimdi de ben istemiyorum onun tesellisini mesellisini.

Oturup bir liste çıkarmalıyım. Değiştirip düzeltmem gereken yönlerimi tek tek yazmalıyım. Sonra onu duvarıma asmalıyım, şöyle her zaman görebileceğim bir yere.

Bir kere yemek yapmayı kesinlikle öğrenmeli ve sevmeliyim. Yemekleri hep Okan yapıyordu. En azından birkaç tatlı, birkaç değişik salata tarifi falan bulmalıyım. En iyisini yapana kadar da denemeliyim. Okan revaniye bayılır. Ben ölürüm, biterim. Bence ilk olarak onu öğreneyim. Yapa yapa severim herhalde yemekle uğraşmayı.

Sonra spora başlayayım. Hem iş stresimi alır hem de kilo veririm. Böylece artık kompleksli bir gerizekâlı gibi davranmam.

Çok kızıyorum kendime. Şu komplekslerimden nasıl kurtulacağımı hiç bilmiyorum. Sokakta, otobüste insanlar hep bana bakıyormuş gibi geliyor. Sanki içlerinden "A kıza bak, ne kadar da şişko. Ayıp ayıp, insan biraz kilo verir. Bu ne böyle? Hiç mi utanman yok? Sendeki bu iştah yüzünden un kurabiyesinin sonu geldi be. Profiterolün nesli tükendi. Hiç mi vicdan yok sende" diye kızıyorlar bana.

Bir fast food dükkânına gittiğimde, çalışanlar sanki "Biz anahtarı verip çıkalım" der gibi bakıyorlar. "Bitirirsin sen buradakileri. Gerçi yine de doyar mısın bilemiyoruz ama."

Haydi diyelim ki bunları ben uyduruyorum. Peki ya mağazadakiler? Vitrinde bir şey beğenip, içeri adım atarken daha gözleriyle resmen "Hiç boşuna girme tombişim, onlar 40 bedene kadar" diyorlar. "Ama iki dükkân ötede çadır imalatçısı var, istersen oraya bir bak."

Ne yapayım ben? Spor yapamıyorum işte, diyet de yapamıyorum. Yani yapıyorum ama hemen bırakıveriyorum.

Çünkü bir şeye bugün karar veriyorum, yarın vazgeçiyorum. Vazgeçeceksem neden o anda öyle karar veriyorum o zaman? Deli miyim ben? İstiyor muyum, istemiyor muyum? Bunu anlayamayacak kadar zekâm yok mu benim?

Zekâm var aslında da, iradem yok herhalde. Ama iradem yoksa kolayı nasıl bıraktım o zaman? Üstelik günde 2 litre içiyorken.

Doktor söyledi de öyle bıraktım tabii. Sülalede herkes şeker hastası. Adam açık açık, "Bunu böyle içmeye devam edersen 30 yaşında şeker hastası olursun" dedi. Yanında yediğim çikolataları, gofretleri, mantıları da hesaba katınca "25'i bile bulmayabilir" dedi. "Ayrıca, obezite riskin de var, gayet sağlıksız besleniyorsun" dedi.

Peki ben ne yaptım? "Kolayı bırakırım tamam işte. Ne obezitesi. İyice abarttı" dedim. Peki kim haklı çıktı? O tabii ki. Ne oldum? Al sana denizanası oldum. Balina oldum sana. Yürürken bacaklarım birbirine sürtmekten neredeyse ateş çıkaracak. Yolda bir yakışıklı bana "Ateşiniz var mı hanımefendi?" dese, "Bir dakika canım, bekle, 3-5 adım atıp yakayım hemen sigaranı" diyecek kıvama geldim.

O hâlde ne yapmak lazımmış? İnsanları biraz dinlemek lazımmış. Söylediklerinin arasından biraz işine geleni alıp, gerisini duymazlıktan gelince böyle oluyor işte. Her sene en az 4-5 kilo alarak sonunda böyle bir şişko patatese dönüştüm.

Ama elimde değil ki. Canımın istemediği şeyi yapamıyorum işte. Kendimi biraz zorlayayım diyorum. Üç gün sürüyor, beş gün sürüyor. Sonra hop bir şey çıkıyor, bırakıveriyorum. Mesela o gün yanıma diyet bisküvi almayı unutuyorum. Veya akşam yemeğine gittiğim yerde, tam istediğim gibi cevizli, çörekotlu salata olmuyor. Ne yapayım? Ben de mecburen mantı yemek zorunda kalıyorum işte.

Kaç kez spora yazıldım. Hatta Okan'la bile yazıldık. Sonra ne yaptım? Yok bugün yorgunum, yok bugün işim var, yok bugün alışverişe gidelim, bilmem ne. Onun da hevesini kırdım. Sonra da oram çıktı, buram şişti diye dırdır edip durdum.

Bu sefer yapacağım ama yeter. Önce şu listeyi tam bir çıkarayım da. Ondan sonra.

Kilo: 91,2
Yolu su böreğinden geçen herkesle bir gün
bir yerde buluşacağız.

Bölüm 5

Kesin başına bir şey geldi yoksa mutlaka arardı!

Delirmek üzereyim. Onlarca mesaj yazdım ona, bir tane bile cevap göndermiyor. Aradığımda telefon direkt kapanıyor. Kalkıp teyzesinin evine gitmeyi düşünüyorum. Büyük ihtimalle oradadır bence. Eskişehir'e dönecek hâli yok ya? Her şeyi bırakıp gelmişti, annesine rest çekmişti. Şimdi bir anda geri dönmeyecek kadar gurur yapacağını biliyorum.

Ben olsam özlerim ailemi. Hele annem tek yaşıyor olsa, hepten kıyamam. İlgilenmek isterim mutlaka. Dayanamam. Bizimkilerle aynı şehirde olmamıza rağmen, ayda bir kez görmeye gitmezsem içimde büyük bir boşluk oluşuyor. Hatta zaman zaman ayrı eve taşınmakla hata mı ettim acaba diye de düşünüyorum. Sonra işyerimin uzaklığı, eve gelip gidenler, trajikomik komşular ve akrabaları düşününce geçiyor.

Mesela alt komşumuz Şenay Abla beni ne zaman giyinip, süslenip dışarı çıkarken yakalasa, ki sokak kapısının önünde yaşıyor kadın sanırım, çünkü ayak sesi uzmanı olmuş. Daha merdivenden inerken kimin indiğini, nereye gideceğini falan hepsini çözer. Kadın sırf ayak seslerinden, 6 numarada oturan Mustafa Bey'in, karısını 2 yıldır aldattığını çözdü. İşte bu dedektif Şeno, birden kapısını açıp beni yakalar ve "Sen biriyle tanışmışsın. Kim o? Evlenecek misiniz?" diye sorular sormaya başlar, sonra da cevabını dinlemeden "Ay hadi bu sefer inşallah" deyip kapıyı kapatırdı.

Belki de işyerimi bilerek bu kadar uzakta kurdum. Tüm bunlardan kaçmak için. Kendi çamaşırlarımı kendim yıkayacak, ütümü yemeğimi kendim yapacak, hasta olduğumda kendime bakacak ve eve geldiğimde "Günün nasıl geçti bakalım?" diye soracak birilerinin olmamasını göze alacak kadar bunalmıştım demek ki.

Rahatım yerinde olmadığından değil. Ama ara sıra veya belki de çoğu zaman yalnız kalmaktan, düşünmekten hoşlanan biriyim. Kalabalık bir evde bazı şeyleri yapmak pek mümkün olmuyor. Sessiz bir ortamın oluşma ihtimali anca kırk yılda bir. Herkes uyuduktan sonra biriyle konuşayım veya müzik dinleyeyim desem, o zaman da aman ses mi olur diye kendini sıkıyor insan. Haydi bu gece biraz oturayım, bir iki kadeh bir şey içeyim desen o zaten imkânsız. Uyumadığım anlaşılınca koridordan gelen 'ıhım ıhım' sesi veya içtiğimi gören her kimse ondan gelecek öğütler falan. Hep can sıkıcı şeyler bunlar işte. Ben de biraz kendime ait alanım ve zamanım olsun istedim artık ve ayrı eve taşındım.

Gerçi annem biraz haklı çıktı. Hâlâ zorlanıyorum. İyi ki Okan yanıma taşındı da biraz rahatladım. Yoksa yalnız yaşamak bence insana hiç de iyi gelen bir şey değil açıkçası. Maddi yükümlülüğünden bahsetmiyorum; işlerim iyi durumda. Benim bahsettiğim, olayın manevi tarafı. Bir süre sonra, eve zaten yorgun geldiğin için, yapman gereken şeylerin hangi birini yapıp yetiştireceğini düşünmeye başlıyorsun. Bulaşıkları mı yıkayayım, ütüleri mi bitireyim, banyo mu yapayım, halamı arayıp doğum gününü mü kutlayayım, yemek mi sipariş edeyim, yemek gelene kadar 2 paket cips mi atıştırayım? Ne yapayım?

Bir süre sonra hiçbir şeye ayıracak vaktin kalmıyor. İnsanlarla iletişimini, sadece telefon veya internetle devam ettirir hâle geliyorsun. Bir de üstüne bu şehrin verdiği yorgunluk eklenince, dükkânda tüm gün otursam bile altı kamyon mal taşımışım gibi yoruluyorum. Karşıda oturan bir arkadaşıma gitmek falan, resmen şehirlerarası yolculuğa çıkmak gibi külfetli gelmeye başlıyor.

Başta bizimkilere söylemedim Okan'ı. Babam modern bir insandır, evlenmeden biriyle aynı evde yaşamama karışmazdı ama annem kesin bir ton laf ederdi. Daha doğrusu komşular, akrabalar bir ton laf eder diye laf ederdi. Çok önemli ya sanki onların benim hayatımla ilgili fikir, karar ve yargıları. Annemle bu konuda çok tartışmışımdır. Buna bu kadar önem verdiğine göre, belki kendi de istemediği ve ona uygun görülen bir hayatı yaşamıştır. Belki şair olacaktı, belki gazeteci, belki lezbiyen olacaktı, belki bir rock star.

Ben yine de anneme 8. ay dönümümüzde söyledim. "Bazen bende kalıyor" dedim. "Aman kızım, iyice tanımadan evine sokmasaydın" dedi. "Dikkatli ol, vallaha böbreklerini çalar" dedi. "Neler neler oluyor, bak her gün yazıyor gazetelerde. Kimseye güven olmaz bu devirde artık" dedi. Ah böbreklerimi çalacağına midemi çalsa ya. Ama nerde... Kalbimi çaldı vicdansız!

Babama bahsetmememe rağmen sesimdeki huzurdan, yüzümdeki aptal gülümsemeden falan çaktı sanırım olayı. Bir gün durup dururken "Ne yapıyor seninki?" diye sorup gülümsedi. Ben de "İyi işte, ne yapsın. İş arıyor. Eski işinden memnun değildi, ayrıldı" dedim.

Oysa yalan. İşyerinden kendisi çıkmadı. Onu çıkarttılar. Yeni bir yapılanmaya mı ne giriyorlarmış. Öyle saçmasapan bir bahaneyle çıkarttılar. Zor bulurlar onun gibisini. Ama o istediği her işte çalışabilir. Havada kaparlar onun gibi tatlı ve zeki birisini. Üstelik biraz İngilizcesi de var.

İnsanın güzel bir ilişkisi olunca veya hayatında bir şeyler çok iyi gitmeye başlayınca, şekli şemali, tipi mipi de değişiyor. Yüzüne bir ışık geliyor, saçları parlıyor, giydikleri, söyledikleri, hayatla ilgili görüşleri değişiyor. Daha pozitif oluyor. Ve bu kadar pozitif olunca da sanki hayattaki her şey daha pozitif geliyor. Demek ki insan belki de tüm olumsuz şeyleri kendi düşünceleriyle oluşturuyor?

Her on kişiden birinin ağzında, 'iyi düşün, iyi olsun' lafı. Bunu nereden öğrenmişler bilmiyorum ama sanırım doğru. Bizim Ayşegül de böyle şeyler söyler genelde. Evinde kocaman kütüphane var. Yarısı kişisel gelişim kitaplarıyla falan dolu.

O kitaplardaki bazı fikirlere katılıyorum. Tamam, bence de mutluluğu bulmak için dağlar bayırlar aşmaya gerek yok. Mutluluğu uzakta aramaya gerek yok. Mutluluk içimizde... Tam midemizde!

Mesela küçücük bir dilim pasta, beni dünyanın en mutlu insanı yapabiliyor. O zaman demek ki mutluluk; küçük büyük ayırt etmiyor. Her şeyde olabiliyor. Belki de ben, onun beni mutlu ettiğini düşündüğüm için beni mutlu ediyor? Her şey, bizim onlara verdiğimiz anlamlarla alakalı galiba.

Öyle ya. Bazen çok saçma şeylere çok büyük anlamlar yüklerim. Sonra dönüp baktığımda, "Aman ne kadar da büyütmüşüm gözümde" derim. Bazen de aksine, yeteri kadar anlam vermeyip o zaman da "Ah değerini bilemedim" diye yakınırım.

Ben en iyisi Okan'ın teyzesini arayayım, o kesin bilir.

- İyi akşamlar, nasılsınız teyzeciğim? Sizi rahatsız etmek istemedim ama Okan orada mı acaba?

Aslında rahatsız edip etmemem çok da umrumda değil şu anda çünkü ben gayet rahatsız durumdayım teyzeciğim.

Ve açıkça belirtmek isterim ki, ben rahatsız olunca başkasının rahatlığını pek dert etmeyecek kadar rahat olurum.

- Okan yok yavrum.

He, ne kadar kolay yok dedin ama ya. Sanki kapıyı çalıp "Sizde fazladan sarımsak var mı?" diye sordum. Oysa sen o anda, tam da örgünün en heyecanlı yerindeydin değil mi? İki ters, bir düz, ipi üç kez dola, bir geriy... Aha, tüh kapı! Teyze biraz detay versene! Yok ama nasıl yok? Anlat biraz. Aklındaki tek şey bir an önce örgünün başına dönmek biliyorum ama bana biraz yokluğu anlat teyze.

- Şey, peki nerede biliyor musunuz? Yani oraya geldi mi hiç?

- Geçen hafta geldi. Birkaç eşyasını aldı çıktı. Konuşmadı. Sonra da aramadı kızım.

Eh, madem bana kızım diye hitap ediyorsun, ona sormadın mı teyzeciğim "Benim kızım nerede, ne oldu aranızda? Neden onu bıraktın geldin?" falan diye?
- Nereye gitmiş olabilir? Bana da gelmedi de bir süredir. Acaba bir şey mi oldu diye merak ettim.
- Hiç bilmiyorum ki yavrum. Pek konuşmaz, sen de bilirsin.

Bilirim de sana bir şeyler söylemiş belli ki teyzeciğim. Adam aylar sonra eve geliyor, üstüne bir de eşyalarını topluyor ve tek kelime bile konuşmuyorsunuz yani öyle mi? Brokoliyi bile yutarım ama bu yalanı yutmam.

- Ya bizim aramız biraz limoni de. Yani gerçi ne olduğunu tam bilmiyorum ben de. Ama mutlaka bir şey oldu diye düşünüyorum. Ya birinden bir haber geldi ya biri bir şey yaptı...
- Kötü bir şey olmamıştır kızım. Ne olacak?

Ha kötü bir şey olmadı, adam durup dururken çekip gitmeye karar verdi yani. Manyak çünkü. Her şey harikayken, bir anda gidesi tutan bir cins yani bu diyorsun teyzeciğim?

Hem bir dakika, kötü bir şey olmadığını nereden biliyorsun? Teyzeciğim kusura bakma ama bence sen kesin bir şeyler biliyorsun.

- Acaba Eskişehir'e mi gitti diyorum? Hiç konuştunuz mu annesiyle falan?

Kesin başına bir şey geldi yoksa mutlaka arardı!

- Yok, konuşmadım kızım.

Ben bu kadından bilgi alamayacağım, anlaşıldı. Okan kesin oraya gitmiş ve kesin bir şeyler anlatmış. Çünkü kadının ağzını bıçak açmıyor. Adın ne diye sorsam, kadın onu da söylemeyecek.

- Peki, teşekkür ederim o zaman teyzeciğim. İyi akşamlar. Rahatsız ettim, kusura bakmayın.

Dön sen örgüye teyze, dön. İki ters, bir düz haydi...

- Olur mu yavrum, istediğin zaman arayabilirsin. İyi geceler.

Böyle olmayacak bu. Ona ulaşmanın başka bir yolunu bulmalıyım. Çok merak ediyorum onu, çok seviyorum ve midem bulanıyormuş, kusuyormuş gibi oluyorum. Ama yemek kusmuyorum, böyle sanki içimden ruhumu kusuyorum. Zor nefes alıyorum. Onun sesini duymak istiyorum.

"Mühürledim seni kalbime
Kurşunlar işlemez ciğerime
Zincirledim seni kalbime
Anahtarları yok denizlerde
Şeytan diyor ki tövbeler etmeli
Uğrunda yüz kere bin kere ölmeli.
Cehennemde bile zulmetsen de
Bir seni sevmeli."

Eskişehir'i mi arasam? Annesi çıkarsa konuşurum, başkası çıkarsa kapatırım. Ama öyle de olmaz ki. Sonuçta o telefon numarasını bana Okan vermedi. Ben kendim onun telefonundan görüp de bir kenara kaydetmiştim.

Hem diyelim ki annesi çıktı, ne diyeceğim? "Selam, ben oğlunuzun İstanbul'daki sevgilisi. Biz 11 aydır birlikte yaşıyorduk da sonra o bir anda ortadan kayboldu. Ben de çok merak ediyorum. Bir de çok özledim zaten. Siz biliyor musunuz nerede olduğunu? Konuşursanız, söyler misiniz buraya geri dönsün." İki de lahmacun lütfen, biri acılı olsun. Açık ayranınız varsa ondan da rica edeyim. Teşekkürler!

Kilo: 90,8

Telefon elimin içinde kayboluyor. Yeni bir telefon almalıyım. Şu yeni çıkanlardan, en büyük olanlardan.

Kesin başına bir şey geldi yoksa mutlaka arardı!

Bölüm 6

Yok canım ayrılmamıştır, ayrılsa yerimde duramazdım

- Beni ilgilendirmez! Ben çamaşır kurutma makinesi istiyorum. İşte o kadar!
- İyi de Ayşegülcüğüm, Emre borçlarım var diyor.

Emre, Ayşegül'ün kocası. Emre aslında cimri bir adam değil, sadece ayağını yorganına göre uzatan biri. Bugün bir şey yaparken, yarın neler olabileceğini de düşünüyor. Bu yönünü takdir ediyorum açıkçası. Çoğunlukla mantık çerçevesi dâhilinde hareket eden insanlar beni hep etkilemiştir. Ben bir türlü öyle olamıyorum. Yufka yürekliyim. Aynı zamanda da hamburger göbekliyim.

O kadar zamandır iştahım kesik, neredeyse bir lokma yiyorum ama yine de kilo vermiyorum, zaten ona da sinir oluyorum. Gerçi tartıya çıkmadım. Gerçi bir 300-500 gram vermişimdir ama üçün beşin lafını edecek kadar terbiyesiz biri değilim. Hem göz görüyor işte, her şey yerli yerinde hâlâ. Zaten şu anda daha büyük sorunlarım var. Başka hiçbir şey umrumda değil.

- Evlilik yıldönümümüzde bana bir buket çiçekle bir şişe şampanya getirecek. Sonra da hediye aldım diyecek. İstemiyorum ben onları!
- Sen sevdiğin adamla birlikte olduğuna sevinsene bence?
- Ya özür dilerim. Senin bu durumunda bunları konuşmak istemezdim ama gündem böyle.
- Çok özledim Ayşegül. Delirmek üzereyim. Telefonlarımı açmıyor, mesajlarıma cevap vermiyor. Dün Ahmet'e bile mesaj gönderdim. Nerede olduğunu biliyorsan lütfen söyle, ben hiç iyi durumda değilim yazdım.
- Ne saçma saçma şeyler yapıyorsun sen ya.
- Ne yapayım Ayşegül? Her yolu deniyorum işte. Cevap da yazmadı zaten gerizekâlı.
- Bak kızım, bu çocuk senin şu anda üzüldüğünü biliyor. Mesajlarını mutlaka okuyordur. Senin böyle üzülmene gönlü razı oluyorsa, sevmeye hiç de layık biri değilmiş demek ki.

En yakın arkadaşım bile olsa, Okan hakkında kötü bir şey söylenmesini kaldıramıyorum. Belki yüzde yüz haklı, belki sonradan ben de bunu söyleyeceğim ama şu anda Okan'ın başına mutlaka bir şey geldiğine inanıyorum. Yoksa beni asla bırakıp gitmezdi. Yazdığım mesajlara kesinlikle kayıtsız kalmazdı. Biliyorum, mutlaka bir şey oldu.

- Bir şey olmuştur Ayşegül.
- Ne olacak, ne? Adamı kaçırdılar, esir tutuyorlar falan, değil mi? Ellerini kollarını bağlamışlar. O yüzden sana cevap yazamıyor, değil mi?
- Hı çok komik...

Telefonu kapatıyorum. Artık inancımı kaybetmek üzereyim. Neredeyse bir ay geçti. Son mesajlarım yalvarmalarla dolu. Yazdıklarımı mutlaka okuduğunu düşünüyorum. Bu yüzden içimdeki her şeyi döktüm. Bir liste yaptığımdan da bahsettim. Neden beni araması gerektiğini anlattım. Geri gelirse her şeyi düzeltebileceğimizden bahsettim. İlişkimizde bazı hatalar olduğunu farkettiğimi ve bunları nasıl yola koyacağımı tek tek ekledim. Bir an umutluyum, bir an umutsuz. Sürekli gelgitler yaşıyorum.

"Âşıklar parkına gittim
Seni aradı gözlerim
Yağmurlarda yürüdüm
Islandı yine gözlerim
Bekledim çay bahçesinde
Bekledim öylesine.
Gene akşamlar oldu
Gene boynum büküldü."

Onun değerini bilemedim ben. Kırdım, üzdüm. Zar zor bulduğum o güzel şeye hoyratça davrandım. Neden kaybetmeden önce değerini anlayamıyor insan? Ya da acaba kaybedince, olduğundan daha değerli gibi mi geliyor?

Yani olan bir şey, zaten var. Zaten ortada. Açık ve net bir şekilde görünüyor. Onun üzerine düşünmeye gerek yok.

Ama olmayan bir şeye, hayalinde istediğin anlamı yükleyebilirsin. İster onu ilahlaştırırsın, ister suçlarsın. Ne de olsa sadece sana ait. Senin kafanda.

İşte yine başladım ilginç ilginç şeyler düşünmeye. Uyku desen zaten yalan oldu, neredeyse 24 saat düşünüyorum. Belki de büyük adamlar, büyük icatlarını aşk acısı yaşarken bulmuşlardır. Olamaz mı? Ben de belki içince 20 kilo verdiren suyu bulurum. Dur bakalım...

İşin en kötü yanlarından biri de şu; deliler gibi profiterol yemek istiyorum. Böyle ellerime yanaklarıma bulaşsın istiyorum o çikolata sosu. Ama canım çekmiyor. İyi olmadığımı buradan net bir şekilde anlayabiliyorum mesela.

Gerçi neyi anlayıp neyi anlamadığımı pek anlar durumda değilim. Bir yerde okumuştum, uykusuzluk bir noktadan sonra halüsinasyona neden oluyormuş.

Yakında hayali arkadaşlar da edinirim herhalde. Birlikte konken partileri yaparız. Şöyle deniz kenarında, peşin para sayıp aldığım villamın gepgeniş balkonunda.

Ayda kaç yüz doları gözümü kırpmadan verdiğim garsonlar bize sürekli olarak içki ve atıştırmalık servisi yaparlar.

Oyunu kaybedince rastgele bir tanesini kovuveririm. Parasıyla değil mi kardeşim. Yerine yenisini getirtirim!

Belki de bu yaşadıklarımın hepsi bir hayaldir? Belki de ben bir rüya gördüm. Ve o kadar inandım ki, gerçeklikle olan bağlantım koptu gitti.

Sabah ilk uyandığım anda, gördüğüm rüyalar hep çok net değil midir? Sanki gerçekten olmuş gibi. Kaç kez babamın öldüğünü görmüşümdür mesela. Uyandığımda gözümün kenarından iki damla yaş süzülürdü. Sonra bütün günüm hep bunu düşünmekle geçerdi. Hatta gün içinde, rüyanın sabah aklımda olmayan kısımlarını da hatırlayıverirdim. Ancak akşam veya ertesi gün, bunun bir rüya olduğu gerçeği otururdu zihnime.

Rüyalardaki acıların etkisinden bu kadar kısa sürede çıkabilmemize rağmen, neden gerçek acıların etkisi çok daha uzun sürüyor? Oysa her ikisinin de bizdeki psikolojik etkisi aynı bence.

Sanırım mantığın gerçekliği kabul etmesiyle alakalı her şey. Şimdi olduğu gibi. Bu yaşananları mantığım kesinlikle kabul etmek istemiyor. Edemez ki zaten?

Bir yıla yakın bir süre boyunca, her gün gördüğü birini hiç mi özlemez insan? Onu merak edebileceğimi nasıl düşünmez? Aynı şeyi ben ona yapsaydım? Hiç mi empati kurmaz insan? Benim bu kadar üzülmeme nasıl dayanır? O iç çekse, ben ölürdüm. O da beni çok seviyordu, kendi gözümle gördüm.

Kilo: 90,4

Ben bir süper kahraman olsaydım, uçan atlayan hoplayan değil; 24 saat koltukta yatan bir kahraman olurdum. Ama öyle süper yatardım ki o koltukta, kimse öyle müthiş yatamazdı. Süper gücüm de film izleyip cips yemek olurdu.

Bölüm 7

Eski dosttan düşman olmaz

Bence şu evren denilen şey, ya da artık sistemin adı her ne ise, bir yerlerde bir şeyler beklediğimizi biliyor ve biz tam beklemekten vazgeçince olayı gerçekleştiriveriyor.

Dükkânı kapatıp çıkmıştım. Çorba yaparım diye markete girip mercimek, domates, havuç, soğan falan aldım. Ruh gibi dolaşıyorum zaten. Kimseyle neredeyse konuşmuyorum. Çoğu işimi kısa kelimelerle hallediyorum. Kasada da öyle yaptım. Sonra kasanın yanında duran çikolatalara ilişti gözüm. Canım çektiğinden değil, öylesine bir tane aldım. El alışkanlığı işte. Gece kahveyle birlikte yerim, moralim düzelir belki dedim.

Eve gelip çiçekleri suladım. Canlarım benim, nasıl da solmuşlar. Yine de bir umut işte, belki canlanırlar dedim. Çorbayı pişirdim. Hiçbir şeye benzemedi. Zar zor içtim. Eskiden iki tabak karışık ızgara yiyen ben, şimdi iki kaşık çorbayı içemiyorum.

Benim kilolarıma takık olan herkes için bu aslında iyi haber. Ama ben eskisi gibi iştahlı olmadığım için içten içe üzülüyor gibiyim. Ben bir yandan şişman olmaktan hoşlanıyor muyum yoksa?

Planladığım gibi kahve ve çikolatamla birlikte koltuğa oturdum. Bacaklarımı sehpaya uzattım ve belgesel kanalına geçtim. Çikolatanın ambalajını yavaşça açıp küçük bir ısırık aldım. Ardından kahveden bir yudum içtim. O anda çikolata yemeyi ne kadar çok özlemiş olduğumu farkettim. Sanki bir ay önce Okan benden, ben de çikolatadan ayrılmıştım. Yüzümde uzun aradan sonra ilk kez hafif bir gülümseme belirdi. Çikolatayı kokladım. İyice içime çektim kokusunu ve bir ısırık daha aldım. Acele etmeden, tadına vararak yarıladım. O arada telefonuma bir mesaj geldi.

Haftalar sonra, unutmuş olduğum keyif duygusunu birazcık bile olsa hatırlar gibi olmuştum. Bunu bozmak istemiyordum. Bu yüzden o anda mesaja bakmak istemedim. Ama diğer yandan da içime bir kurt düştü. Çünkü mesaj işle ilgili olamazdı. Kızlar akşam 9'dan sonra, işle ilgili ölüm kalım meselesi bile olsa, beni arayamayacaklarını bilirler. Bizimkilerle zaten daha yeni, eve girerken konuştum. Olsa olsa Ayşegül'dür diye düşündüm. Emre çamaşır kurutma makinesini alınca havalara uçmuştu. Şimdi de yine kesin yeni bir isteği vardır, onu yazmıştır dedim. Ya da tartışmışlardır.

Gerçi onlar pek tartışmıyor. Kavgaları kasırga gibi oluyor. Bir anda ortalığı birbirine katıyorlar, 5 dakika sonra sanki onlar gidiyor, yerine başka bir çift geliyor. O konuyu da bir daha asla açmıyorlar. Ayşegül de uzatmıyor, dırdır da etmiyor sonradan. Ancak istediği şeyi yaptırana kadar işte. Aslında güzel bir ilişkileri var galiba. Birbirlerine hâlâ ilk günkü gibi âşık olduklarına bakılırsa galibası fazla.

Çikolatayı bitirdim. Ambalajını da bir güzel yaladım. O, onun olmazsa olmazı zaten. Kahvenin kalanını da içip mutfağa gittim. Bardağı yıkadım, tertemiz ambalajı çöpe attım. Sonra tekrar salona geldim. Televizyon kanalını değiştirmek için kumandayı almak üzere sehpaya uzandığımda, kumandanın yanında duran telefona az önce mesaj geldiğini hatırladım ve telefona uzanıp mesajlara girdim...

Kilo: 90,1

Biraz daha az. Ama yine de, sadece 10 kilo sonra, kendimi "0,1 TON" diye tarif edebiliyorum.

Bölüm 8

İlişkide tehlike çanları:
"Sen çok iyi bir insansın aslında"

- Aç şunu haydi. Aç!
- Efendim?
- Ayşegül!
- Efendim? Ay ne oldu? İyi misin sen?
- Mesaj attı! Okan...
- Dur, ağlamadan konuş. Hiçbir şey anlamıyorum ya.
- Okan mesaj attı.
- Tamam. E ne yazmış?
- Of Ayşegül...
- Ya kızım ağlamadan söylesene ne yazmış?
- Dur bir dakika...
- Tamam, durdum. Ya sakin ol. Su mu var mı, bir şey iç.
- Konyak içiyorum.
- Hayda! Ay çok merak ettim ne yazdığını.
- Okuyorum, dinle.
- Tamam.
- Lütfen...

Mesajı okumak bir yana, nefes almakta bile zorlanıyordum. Daha birkaç dakika önce büyük bir şok yaşamıştım. Ellerim hâlâ titriyordu. Sanki göğsümün ortasına büyük bir şey oturmuştu ve hareket etmeden, tüm ağırlığıyla orada duruyordu. Bir yandan Ayşegül'le konuşmaya çalışıyordum, diğer yandan da peçeteyle gözyaşlarımı ve sümüklerimi silmeye çalışıyordum. Ayşegül bu hışırtı arasında beni zar zor duyuyordu. Yaklaşık bir su bardağı kadar konyağı neredeyse kafama diktim. Hafif bir ter basıyor, biraz da başım dönüyordu.

Ayşegül sonunda sessiz kalarak, biraz da olsa sakinleşmemi beklemeye karar verdi. Öyle bir hâlde olduğum için o da çok üzülmüştü.

Kendimi biraz toparlamaya çalışıp, mesajı okuyup bitirmeye karar verdim.

- Lütfen beni bir daha arama... Bu ilişki bitti artık, bunu kabul et ve hayatına devam et...
- Ee?
- Sen çok iyi bir insansın ama biz birlikte olamayacağız... Ben iyiyim, merak etme. Rica ediyorum, teyzemi ya da başkalarını arama. Ve artık bana yazma. Hoşçakal.
- Bu mu yani? Bu kadar mı?
- Evet.
- Ha siktirsin oradan!

Kilo: 89,9

Mesajı görünce, üzüntüden içimin yağları eridi herhalde. Kilo verip mutlu olmak için âşık olup mutsuz olmak mı gerek?

Bölüm 9

Ufukta beliren o ışık güneş de olabilir, aile boyu pizza da

Tamı tamına 3 gün evden hiç çıkmadım. Ve tamı tamına 3 gün boyunca, aralıksız olarak ağladım ve ona mesaj gönderdim. Çoğunlukla yapıcı bir tavır ile yalvarmak arasındaydım. Bir ilişkiyi bitirmek kolay değil, sorun neyse birlikte çözebiliriz, lütfen böyle yapma bak iyi değilim gibi şeyler yazdım. Tek bir mesaj bile göndermedi.

Dördüncü sabah uyandığımda, perdeyi açıp dışarı baktım. Hani derler ya, "Gecenin en karanlık olduğu an, sabahın en yakın olduğu zamandır" diye. İşte tam o şafak çizgisinin üstünde duruyordum sanki. Bir adım gerisi gece, bir adım ilerisi sabah gibiydi. O anda nasıl oldu bilmiyorum ama ben adımımı ileri attım. Gün sanki benim için özel olarak doğmuştu. Dışarıda pırıl pırıl bir hava vardı. Ve ben kurt gibi acıkmıştım.

İşte bu andan sonra, yediğimin içtiğimin hesabını yapamadım. Sabahları iki kat kahvaltı, ara öğünler, öğle yemekleri, gece yemekleri, atıştırmalar, tatlılar, pastalar…

- Getir abi, tatlı da getir, tuzlu da getir. Gazozla kahveyi de getir. Evet, hepsini aynı anda getir. Donat sofrayı. Doldur, doldur!
- Kaç kişi gelecek? Ona göre servis açayım.

Ben varım işte, benim bacaklar var, kollar var, memeler, göbek, karın, bir de popom. Sen tek servis aç, biz hepimiz bir yerden yeriz kardeş kardeş.

- Fazla gelmesin?
- Gelmez gelmez. Bana bak, getiriyor musun, getirmiyor musun sen? Çabuk! Kalamar da getir, kebap da getir, şalgam da doldur. Bak limonlar elimde, eğer 10 dakika içinde istediğim bir tepsi midyeyi getirmezsen hepsi limonata olur!

Ağzım neredeyse hiç boş durmuyordu. İçimdeki öfkeyi sanki yemek yiyerek bastırmaya çalışıyordum. Okan'ın yaptıklarını kendime yediremiyordum ama dürümü, künefeyi yediriyordum. Hatta ilk kez Çin lokantasına bile gittim. Ayşegül tutturdu orada bizim damak tadımıza göre bir şey yoktur diye. Emre, "Var ki buraya bunu açmışlar" diyor ama yok Ayşegül yol boyunca "Kesin aç kalacağız" deyip durdu. Ayşegül işini garantiye almayı sever. Ve eğer alamadıysa ve hoş bir sonuçla karşılaşılmazsa, 5-6 gün falan Ayşegül'ün triplerine maruz kalınır. Kendisiyle ilgili en sevmediğim huy budur.

Nitekim gittik o Çin lokantasına ve menüde ne var ne yoksa sipariş ettik. Yemediğimiz şey kalmadı. Tek kelimeyle bayıldık.

Oradan çıkıp başka yere gittik. Birkaç kadeh bir şeyler içelim dedik. Daha doğrusu ben dedim. Sonra da sarhoş olana kadar içtim. Eve nasıl geldik, tam hatırlamıyorum. Herhalde beni bırakıp geçmişlerdir.

Sabah yine hafif baş ağrısıyla uyandım ve yine zengin bir kahvaltıyla güne başladım. Artık düzenli olarak işe gidiyordum. Bir gece önce ne kadar çok içmiş olduğum pek farketmiyordu.

Haftasonu evi temizlemeye karar verdim. Zaten çiçeklerimi kuruttuğum için içimde çok büyük bir vicdan azabı vardı. Onları temizleyip, saksıları yeniden topraklar ve yeni tohumlar ekerim belki diye düşündüm.

Ayrıca Okan'ın eşyalarının hepsini toplayıp koliye koymalı ve o koliyi de atmalıydım. Ya da atmak yerine bodrum kattaki kalorifer dairesine götürebilirdim. Apartmandakiler oraya öyle pek çok ıvır zıvırlarını koyuyorlar. O da kenarda duruversin işte ne olacak dedim.

Sonra kıyamam ki oraya atıvermeye diye düşündüm. Onların her biri Okan'ın bir parçası. Salonun ortasına şöyle bir büst yaptırsam, üstüne koliyi koysam. Etrafını camla kapattırıp tepeden spot ışıklarıyla aydınlatsam. Bence bu da iyi fikirdi. Ama elim o eşyalara gitmedi, zaten evi temizlemeye de üşendim. Yemek yemek dışında her şeye üşeniyordum zaten.

"Ne vakit kaçsam kendimden
Bir o kadar yakalanırdım
Ne vakit seni istesem
Sen hiç yanımda olmazdın
Gözyaşı biriktirdim
Gözyaşım ince sızı

Düşündüm de bir zaman
Bunu ben hak etmedim.
Sen beni öldürüyorsun
Sen bunu hep yapıyorsun
Sen beni öldürüyorsun
Sen bunu bilmiyorsun"

Sonra internete girdim. Bir elimde hamburger ve kutusundan masaya dağılmış patates kızartmaları arasında bir alışveriş sitesi buldum. Mağaza mağaza dolaşıp alışveriş yapmayı oldum olası pek sevmemişimdir. Sadece ayakkabılarımı ve iç çamaşırlarımı gidip alırım. Onun dışında internetten alışveriş yapmak, özellikle giyim kuşam için, gayet mantıklı geliyor. Çünkü daracık kabinlerde giyinip soyunurken terlemiyorsun, beğendiğin bir kıyafete tam elini uzatırken başka biri çekiveriyor ve alışveriş yaparken aynı anda 2 porsiyon kaymaklı künefe yiyebiliyorsun.

Hiç aklımda yokken banyo için yeni bir set alsam mı acaba diye düşündüm. Sitede güzel setler vardı. Bence gayet iyi bir fikirdi. Şöyle bol köpüklü bir küvet insana her şeyden iyi gelir ama benim banyom bayağı Pakistan minibüsü gibi: Çöp kutusu mavi, paspaslar mor falan, böyle karışık renklerle dolu; insanın içi bulanıyor. Oysa orası benim huzur alanım. İki günde bir yıkanırım ben mesela. Yaz kış. Ve vakit buldukça küvete su doldurup yatarım içinde. Hareketsiz, öylece dururum. On gün aralıksız uyusam, orada dinlendiğim kadar dinlenemem bence.

Evet, tam ihtiyacım olan şey! Yeşilli kahverengili bir set buldum. Toplam 4 parça. Kalıp sabunluk, fırçalık, sıvı sabunluk, diş macunu ve diş fırçası için bardak. Hepsi seramik.

Hem yeşil renk kalbe de iyi geliyormuş. Bir de aynı yerden, aynı renkte havlu ve bornoz da sipariş edersem banyomun havası hepten değişirdi. Fakat o sete uygun bulamadım. Hepsini de aynı yerden almak istediğim için biraz beklemeye karar verdim. Ne de olsa siteye sürekli yeni şeyler ekleniyordu. Hepsini oradan alıverecektim işte. Bu beni biraz da olsa heyecanlandırdı, yenilik her zaman iyidir derler.

Zaten beni takmayan biri için kendimi kahredecek değilim. Madem hayatıma devam etmemi istiyor, o zaman ben de ederim. Hem ona soracak değilim, ben zaten edecektim!

Kilo: 90,2

Tartının kıkırdadığını duyduğuma yemin edebilirim!
(Belki de çatırdamıştır, günahını almayayım...)

Bölüm 10

92 kiloya doğru, aç ve öfkeli

İstiyorum. Onu da yemek istiyorum, bunu da yemek istiyorum. Yeryüzündeki her şeyi yemek istiyorum!

Geceleri, gündüze nazaran çok daha fazla iştahım oluyor. Televizyonun karşısında, bilgisayarın başında, balkonda otururken elim ve ağzım hiç boş durmuyor. Kendi yediğim yetmezmiş gibi, bir de etrafımdakilere yedirmeye çalışıyorum. Eleştirdiğim şu ısrarcı kadınlara benzedim. Demek ki herkes bir gün eleştirdiği kişiye benzeyebilir.

Hiç kimseye yediremezsem, gidip saksılara vitamin çubukları sokuyorum. Gerçi bu mevsimde çiçek veya meyve veren bir şey ekmemiştim ama olsun. Hiç değilse nanelerim var. Onlar solmasın. Kim bilir bu nanelerle ne güzel yemekler yapılır. Acaba yemek kursuna mı yazılsam? Keşke yemeği sevdiğim kadar yapmayı da sevseydim.

Acaba Okan ne yapıyordur? Bir mesaj göndersem mi? Hayır, mesaj falan göndermeyeceğim. Kendimi bırakmamalıyım. Gidip bizimkilerin yanında mı kalsam biraz? Fena fikir değil gibi. İşyerime uzak ama hiç değilse orada 24 saat harika yemekler var.

Olmaz ama durup durup ağlayıveriyorum. Beni böyle üzgün görmesinler. Biraz daha kendime geleyim de öyle. Hem onlarla yaşamayı biraz özledim de. Babamın televizyonu kumandadan kapattıktan sonra gidip bir de düğmesine basarak kapatmasını. Yatağa girdiğimde annemin başucuma gelip, hâlâ küçük bir kızmışım gibi saçlarımı okşayıp bana güzel bir şeyler anlatmasını. Kardeşimle kız meselelerini konuşurken hafiften utanmasını. Hepsini özledim.

Bu arada babamın tahlil sonuçları bulunmuş. Değerler iyiymiş. Sadece biraz kolesterole dikkat etmesi gerekiyor, o kadar. Gerçi o beslenmesine her zaman dikkat etmiştir. Kendisini bildim bileli 72 kilodur. Birazcık fazla yese, ertesi gün canı bir şey yemek istemez. Adamın bünyesi otomatik sistem kurmuş kendine artık. O kiloyu kabul etmiş, sabitlemiş orada. Ne güzel. Ne şanslı insanlar var şu hayatta! Keşke o konuda babama çekseymişim. Ama ondan da güzel şeyler almışım yine de canım. Mesela espri yeteneğimi, yardımseverliğimi, ne olursa olsun umutlu olmayı babamdan almışım.

Gerçi şu sıralar pek umutlu değilim. Espri yapmaya da, duymaya da hevesim yok. Ne yapacağımla ilgili en ufak bir fikrim de yok aslında. Hayatımın bundan sonra ne olacağını bilmiyorum. Bu kararsızlık beni iyice acıktırıyor. Mutluyken, mutsuzken, canım sıkılınca, sürekli olarak bir şeyler yemek istiyorum.

Şu kısacık sürede resmen şiştim. Geçen gün eve gelirken bir kat merdiveni zor çıktım. Eğilip ayakkabı bağlamam zaten mümkün değil. Ayak tırnaklarımı kesmek tam bir işkence. Şu kılçık gibi kızlar ayak tırnaklarını keserken ya da ayaklarına oje sürerken dizlerini kendilerine çekip çekirge gibi oluyorlar ya. İşte onlara özeniyorum. Bir göbek var bende, benden dışarı!

Ama kendimi durduramıyorum. Taze meyvelerden reçel yapmayı öğrenmek, hayatımdaki en büyük başarılardan biri sayılabilir. Zaten çok kolaymış. Sabahları ekmeğe sürüp yiyince, güne mutlu başlamak için bir sebebim oluyor gibi geliyor. İşyerinde zaten dışarıdan söylüyoruz. Lahmacunlar, çiğköfteler, tavuk kanatlar, şişler, pideler. Bir de iki dükkân ileride harika bir tatlıcımız var. (İki sene önce minicik bir dükkândı orası. Adamı biz kalkındırdık resmen. Biz dadanmaya başladıktan sonra adam dükkânı büyüttü, masaları sandalyeleri lüksledi. Bit kadar çeşmesi olan ufacık banyo lavabolarına sensörlü çeşmeler falan taktırdı. Geçenlerde adamı pahalı bir spor arabadan inerken görmüş bile olabilirim hatta.)

Akşam eve gelince de yine öğlenki gibi güzel bir sipariş veriyorum. Gece yemek için de eve gelirken bisküviler, çerezler, pudingler alıyorum. Gıda sektörünü tek başıma ayakta tutuyorum!

Kilo: 91,6

Böyle böyle gidip, yıllık yüzde 7 büyüme hızını yakalayabilirsem dünya devleriyle yarışabilirim bence...

Bölüm 11

Zayıf mayıf ama iyi kız be!

Salı günü hiçbir şey yapasım yoktu. İşe gitmedim. Canım çok sıkkındı, neyse ki o arada Ayşegül aradı, "Yemek yedin mi?" dedi. Sanki yesem ne olacak ki? Belli ki beni yemeye çağıracak ama benim bir yere yemek yemeye gitmem için aç olmam gerekmiyor zaten.

Bende ergenlik döneminden sonra böyle bir huy başladı. Şu tam, yemekleri ayırt etme döneminde. Hangi yemeği sevdiğine, hangisini sevmediğine, hangisini ağzına bile sürmeyeceğine artık yavaştan karar verdiğin dönem.

Bir yere yemeğe gitmeden önce hep yemek yerdim. Karnım tok giderdim. Çünkü nereden bileyim yemekte bakla olmadığını? Veya bamya ya da kereviz? Yemeğe gidip aç kalmaktansa, yemeğe tok gitmeyi yeğliyordum. Bence gayet mantıklıydı. Ha diyelim ki yemekte su böreği var, efendime söyleyeyim şöyle harika bir rosto var, bir lazanya var, bir şnitzel var. O zaman ben zaten onları görünce, yine kesin acıkıp yiyordum. Tıka basa, patlayana kadar tıkınıp, üstüne bir de tatlı için yer ayırıyordum. O derece.

Bizim anne tarafında herkes şeker hastası olduğu için evde pek fazla hamur işi yapılmazdı. Annem ara sıra çok şekerli olmayan bir kabak tatlısı, sütlaç, muhallebi falan pişirirdi. Ben de herhalde bu yüzden, dışarıda hamur işi görünce saldırırdım. Mesela bizim eve hayatta beyaz ekmek girmezdi. Ben de hatta hâlâ kendi evimde bu geleneği sürdürürüm. Babam "Bu kız nasıl kilo alıyor?" diye sorardı anneme. Bilmezdi ki benim dışarıda kebapçılarda, fast foodcularda fink attığımı. Ailesinin yanında melek, arkadaşlarının yanında marjinallikte sınır tanımayan asi ergenler gibiydim. Annem ara sıra ceplerimde çerez, gofret veya şeker ambalajı falan bulurdu. Uyuşturucu bulmuş gibi tepki verirdi.

- Vallahi benim değil anne ya...
- Senin değilse burada ne işi var?
- Arkadaşın paketi ya, cebimde kalmış.
- Bak kızım, böyle böyle başlar bu işler. Önce arkadaşın paketi olur, sonra senin.
- Ne?
- Gidip kendine paket almaya başlarsın.
- Yok artık anne ya...
- İnsana böyle şeyleri arkadaşları alıştırır yavrum.
- Kafamı duvara vuracağım anne...
- Vurursun. O kafanı duvarlara çok vurursun sonra. Annem dediydi dersin... Kimden alıyorsunuz siz bunları? Söyle bakayım bana.
- "Malı Yırtık Cevdet'ten alıyoruz." Anne neler diyorsun saçmasapan ya!

Bir saate yakın süren bu işkencenin ardından, tekrar şeker hastalığının zararlarını anlatmaya başlardı. Uzman olmuştum artık, sabah programlarına katılıp bu konudaki engin bilgilerimi paylaşabilecek, sonra konukların getirdiği böreklerden yiyerek program kapanışında onlarla göbek atacak kıvama gelmiştim. Sonra bir gün yine böyle cebimde paketle yakaladı ve beni rehabilitasyon merkezine götürür gibi spor salonuna götürdü. Bir değil, üç değil, tam altı aylık kayıt yaptırdı.

Başta, birkaç kez gittim. Çarkın içinde koşup duran hamster gibi, o koşu bandında yürümekten nasıl zevk alıyorlar, anlamıyordum. Hem işe yarasa hamsterlar öyle tombiş olmazdı, değil mi? Güya sağlıklı yaşam için hareket gerekliymiş. E hiç hareket etmeden kaplumbağalar 200 yıl yaşıyorlar? İnekler de hep ot yiyor ama kaç yüz kilo oluyorlar. Madem evrim diye bir şey var diyorlar, e bu nasıl mantık? Ben tam olarak hangi hayvandan geldim arkadaş?

Zayıfı şişmanı spor salonunda. Kardeşim sen 52 kilosun, senin ne işin var? Onlar da formlarını korumak için geliyorlarmış. Bak bak, formdasın diyorum işte. Bana inanmıyor musun? Koskoca bana? Ben ki bu dünyada en az bir yarımada kadar yer kaplayan ve 4 tarafı yemeklerle çevrili bir devim. Turistler bana gezi düzenliyor yazları, siz bilmiyorsunuz. Ve gittikçe büyümekte ve gelişmekte olduğumdan, yakında bir cumhuriyet bile olabilirim. O zaman pasaportsuz da giremezsiniz. O formunuzu da koruyamazsınız işte. Bunu mu istiyorsunuz, ille bunu mu yapayım yani? Hepimiz böyle komple 100 kilo olup Miss Patates'te mi kapışalım?

Sonra baktım bu işler bana göre değil, gittikçe daha da moralim bozuluyor, hem kilo da veremiyorum, üstelik çok da sıkılıyorum; sporu ekmeye karar verdim. Sadece sporu ekmeye karar vermekle kalmadım, kendimi de ekmeğe verdim, hamur işine verdim. Başladım ben spora gidiyorum diye evden çıkıp tatlıcılara, sosisçilere gitmeye. Bir ay sürmedi, bizimkiler davayı çaktı. Salonla da konuşmuşlar.

Aile baskısı denen şeyi orada öğrendim. Beni resmen basmaya başladılar. İlkokula çocuk götürür gibi salona annem götürüyor falan. Tek başıma gidecek olsam, bir saat sonra babam, güya geçerken uğruyor. Yediğim lokmaları saymaya başladılar resmen. Her hafta ailemin de hazır bulunduğu ufak bir törenle tartıya çıkıyordum.

Mecburen ıvırı zıvırı azaltmam gerekti. Ve o spor salonuna istesem de, istemesem de gitmeye devam ettim. 4 ay sonunda 9,5 kilo verdim. Hâlâ 6-7 kilo fazlalığım vardı ama çok şey değişmişti. Sanki ben gittim, yerime bambaşka biri geldi. Meğer 9-10 kilo insanın tipini ne kadar değiştiriyormuş.

O tatlı, tombişko kız gitti, yerine seksi bir kadın geldi. Kopya ve ders notu istenen kız yerine, artık okul koridorunda erkeklerin duvara dayanıp hakkında konuştuğu kız oldum.

Ha ben yine gidip okulun en gerizekâlısıyla çıktım, o ayrı. Ama onunla çıkarken bile, diğer erkeklerin hâlâ beni süzüyor olması da hoşuma gidiyordu. Bir şey olacağından değil. Sevgilim varken, her ne kadar aptal olsa da, başka erkeklere bakan kızlardan değildim. Yine de gururum okşanıyordu. Beğeniliyordum artık.

Giyim tarzım değişmişti. Hayatımda ilk kez isteyerek topuklu ayakkabı giydim o dönemde. Kendime dizüstünde elbiseler aldım. Yürüyüşüm, oturuşum, duruşum her şeyim değişti. Ben meğer kambur değilmişim. Üstelik gayet de güzel kızmışım. Hep derlerdi zaten: "Kilo versen, aslında fıstık gibi kızsın." Şişmanken fındık, zayıflayınca fıstık. İkisi de güzel çerezlerimiz ablacığım. Neden bu ayrımcılık?

O kiloları verirken, bu sefer çok ilginç bir şey oldu. Spor salonuna gitmediğim günler kendimi boşlukta hissetmeye başladım. Sanki çok önemli bir şeyi yapmayı unutmuşum gibi koca bir boşluk. Üyeliği 6 ay daha uzattık. Evdekiler hâlimden pek memnundu. Lokma sayımı da bitmişti çok şükür. Zaten artık eskisi gibi çok yemediğim için sorun değildi. Bana güvenleri gelmişti. Önüme bir tepsi baklava koysalar, yemeyeceğime ya da sadece bir iki çatal alacağıma inanıyorlardı. Ta ki ben üniversite sınavına hazırlanmaya başlayıncaya kadar.

Ben konservatuvara gitmek istiyordum. Şan bölümü ilgimi çekiyordu. Ya da belki bir enstrüman çalabilirdim. Sesim güzel olduğundan değil, o güne kadar herhangi bir enstrümanı da elime almışlığım yoktu ama sanat musikisinin hayranıydım. Bizimkiler, çocukluğumdan beri her gün mutlaka en az bir iki şarkı dinlerdi televizyondaki korodan. Benim kulağıma da, içime de oradan işlemiş herhalde.

O dönemde pop müzik, henüz Türk hafif müziği olarak isimlendiriliyordu ve sadece birkaç sanatçı vardı. Şarkılar da fena değildi ama sanat musikisindeki melodiler, ritimler, sözler gibi tat vermiyorlardı.

Şan bölümünden babamın ısrarıyla vazgeçmek durumunda kaldım. "Zor iş bulursun" dedi. "Bulsan da düzensiz yaşarsın" dedi. "Öğretmen olsan, o da çok yorucu olur" dedi. İstemedi. "Hobi olarak ilgilen" dedi. Kendisi de iyi bir ilaç şirketinde çalışıp emekli olmuş ve hobi olarak tarihle ilgilenmişti mesela.

Bütün sülale, hangi bölümde okumam gerektiğini tartışmaya başladı. Sınav zamanı gelip geçmişti ve ben bir sene sonra sınava girebildim ancak. Ama o sırada karar verilmişti. Halkla İlişkiler okuyacaktım!

Maddi durumumuz yeterli olmasına rağmen özel ders ya da dershane fikrine hiçbir zaman sıcak bakılmadı bizim evde. Hep, 'öğrenci kendisi çalışır, yapar' inancı hâkimdi. Zaten bir yıl kaybetmiştim ve Türkçem istediğim bölümün puanına yetmeyecek kadar kötüydü. Özellikle dilbilgisi. Hele coğrafyam tam bir felaketti. Amasya'nın falan nerede olduğunu hiç bilmiyordum. Tek bildiğim elmasının ünlü olduğuydu. Ama sınavda bunları sormuyorlardı. Ezberlemem gereken onlarca, bana göre gereksiz, bilgi vardı. Hayır, ben hangi birini aklımda tutayım? Hepsi birbirinden karışık. Hele o dağlar, ovalar, kraterler.

- Hocam kraterden ne anlasın, o krakerleri bilir! Kihkihkih...
- Çikolatalı tost yedi öğlen. Kihkihkih...

Ben belki çok kilo vermiştim ama sınıftaki gerzekler hâlâ gerzek olarak kalmışlardı. Yaşıtlarıma nazaran hâlâ bir 10 kilo fazlam vardı. Fakat bu gerzek kalanlar, benim kilo vermek için ne kadar uğraşmış olduğumu ve bundan dolayı kendimi ne kadar iyi hissettiğimi anlayamayıp, zalimlik etmeye devam etmişlerdi.

Belli ki yoğun şekilde çalışmam gerekiyordu. Bir yıl daha kaybedemezdim. O sene üniversiteye girmek zorundaydım.

Önce spor salonuna gitmeyi bıraktım. Ondan sonra yeme düzenim bozuldu. Sonra da yavaş yavaş uyku saatlerim. Başladım gece geç yatıp ertesi gün geç kalkmaya. Ben uyandığımda, neredeyse akşam olmuş oluyordu. Bu beni hepten depresyona soktu. Üstümdeki baskı ağırdı. Komşular, akrabalar, herkes beni konuşuyor ve kendi çocuklarını övüp duruyorlardı. Birinin kızı tıp kazanmış, diğerinin oğlu bilgisayar mühendisliği. Bu devirde üniversite okumayan asla iş bulamazmış. Sanki okuyan buluyor da...

Yine de ne olursa olsun annemi ve babamı mahcup etmeye niyetim yoktu. Olabildiğince sıkı çalışmalıydım ve bunu başarmalıydım. Sürekli ders çalıştığım için o sıralar bizimkiler spor ve diyet işine kafayı takmayı bıraktılar.

O dönem Ayşegül bana çok yardım etti. Lisedeyken çok fazla samimi değildik ama sonradan nasıl olduysa aramızdaki mesafe kapandı. Onun Türkçesi çok iyiydi. Bir gün telefonda konuşurken, birlikte çalışmayı önerdim. Hemen kabul etti. Şimdi itiraf etmeliyim ki, Ayşegül olmasaydı ben belki de üniversiteyi kazanamazdım. Zayıf mayıf ama iyi kız Ayşegül!

Kilo: 61,4 (Ne var? Lise nostaljisi yapıyoruz şurada!)

Ah o 60'lar ne güzeldi... Hele 70'ler! Ya o 80'ler? Heey gidi hey... İnsan ne çabuk kilo alıyor.

Bölüm 12

Pardon, göz zevkinizi mi bozuyorum acaba?

Dünyada yemek yemekten daha güzel başka bir şey var mı? Başka ne, bir dilim pasta ve kahve kadar tüm yorgunluğunu ya da stresini alabilme gücüne sahip ki?

Üstelik keşfedilecek binlerce yemek var. Ve bunlara her gün onlarcası ekleniyor. Adamlar yıllarca uğraşıp o kadar harika yemekler yapmış, kendi mutfaklarını oluşturmuş. Yememek ayıp değil mi?

Her şeyi tatmak istiyorum resmen. Acaba ben hangi dünya mutfağını daha çok severim? O gece Ayşegüllerle gittiğimiz Çin lokantasındaki yemekler harikaydı mesela. Yediğimiz çoğu şeyin içinde elma vardı. Yeşil soğan vardı. Her şeyde biraz şeker var gibiydi ya da vardı ama çok lezizdi. Daha bunun Meksika'sı var, İtalyan'ı var, Fransız'ı var. Varoğluvar. Engin bir deniz gibi.

Yemek her zaman birleştirici olmuştur. İnsanlar bizi evlerine yemeğe çağırır, arkadaşlarımızla buluşmak istediğimizde "Şuraya gidip bir şeyler yiyelim" deriz. Ya da ciddi bir ilişki, erkeğin kadını şık bir restorana götürmesiyle başlar. Ayrıca donatılan sofralar, bolluk ve bereketin timsali hâline gelmiştir. İçki sofralarında birbirinden güzel mezeler vardır hep. Balık yerken yanında mutlaka bir salata, bir karides, midye, lakerda vardır. Üstüne mutlaka bir ayva tatlısı ya da irmik helvası gelir.

Bu muhteşem tatlara nasıl düşkün olmaz insan? Böyle olağanüstü bir keyfe, bu iştaha sahip olmak bence büyük bir şans.

Üniversitede Emel diye bir kız arkadaşım vardı. Artık neden olmadığını anlatayım. Kızın boyu 1,72 idi, kilosu ise 51. Ne 52'ye çıkardı ne 50'ye düşerdi. Kazara 51,5 olursa çok ağır depresyona falan girerdi. Yemek yeme fikri zihninin hiçbir bölgesinde yer almıyordu. Öyle bir içgüdüsü de yok gibiydi.

Hiç unutmuyorum bir gün, "Çok açım, sabahtan beri hiçbir şey yemedim" dedi. Bunu duyduğuma nasıl sevinmiştim, anlatamam. Sonunda gidip birlikte patlayana kadar tıkınma zevkine nail olacaktım. Sonuçta benim en şişko olduğum yıllar. Her ders arası kantine indiğim zamanlar.

Kalktık, güzel bir restorana gittik. Menü geldi. Benim gözlerim parladı. Menüdeki her yemeği gözümde canlandırıyordum, ağzımın suları akıyordu. Oraya ilk kez gittiğimiz için her şeyden tatmak istiyordum. Ortaya karışık bir şeyler söyledik. Abartmıyorum, kız üç çatal yedi ve "Oh, iyi doydum" dedi. "Bu muydu açlıktan ölmek dediğin?" dedim. Üstüne tatlı bile söyleyemedik. Birer bardak birayı dahi zar zor içtik. İçkiyi de fazla içemiyormuş, dokunuyormuş.

Onu hiçbir zaman anlayamadım. Çözemedim. Mantığım duruyordu düşünmeye çalışınca. "Bazen sırf midem ezildiği zamanlar, o gün hiçbir şey yemediğimi hatırlıyorum" diyordu. "Ve bir lokma ekmek ya da bir kaşık çorbayı zar zor yutuyorum. Bazen ekmek boğazımdan gitsin diye üstüne su içtiğim oluyor."

Ara sıra bana da çok kızardı. Benim onu anlayamadığım gibi, o da beni asla anlayamıyordu. "Bir şeyler yemeyince ölünmüyor. Bak bana, gayet sağlıklı yaşıyorum" diyordu. Gayet sağlıklı yaşamak dediği de, yılda en az 6 kere soğuk algınlığı, ara sıra uzun süreli kabızlıklar ve baş dönmelerinden oluşuyordu.

Dananın kuyruğu, güneşli bir öğleden sonra koptu. Yolda yürüyorduk ve önümüzde şişman bir kız vardı. Benden biraz daha kiloluydu, belki 5 kilo daha fazla. Kızın altında tayt, üstünde fazla uzun olmayan bir bluz vardı ve bluzdan daha kısa bir ceket. Bir anda "Yuh ya, o göte o giyilir mi?" dedi.

Beş on saniye falan ne diyeceğimi bulamadım. O kadar sinirlendim ki. Bir süre lafa nereden başlayacağımı, ilk olarak nasıl bir cümle seçmem gerektiğini düşünmeye çalıştım. Sonra nefesimi yutup, mümkün mertebe de sakin bir tonla:

- Neden giyilmez?
- Baksana, futbol sahası kadar!
- Bunun sana zararı ne?
- E göz zevkimi bozuyor. Önümde yürüyor böyle salına salına.

Salınmadan robot gibi yürürse sorun yok mu yani? Belli ki kıskanıyorsun işte. Sen yürürken var mısın, yok musun belli bile olmuyor. Ama o bir kalça attı mı kaldırımı, sokağı, caddeyi dolduruyor. Üstelik işveli olması için de senin kadar çok çaba harcamasına gerek yok. Dolgunluğu yeter! Sen hoşlandığın çocukla buluşmaya giderken sutyeninin içine pamuk koyuyorsun ama o azıcık degajesini açsa memeleri dondurma topu gibi iştah kabartıyor.

- Sokağa çıkmasın mı?
- Çıksın da, bol bir şeyler giysin öyle çıksın.

Şimdi de başımıza modacı kesildi. Herkesin amma çok ustalık alanı var ya? Ana mesleği manikürcülük olup aynı zamanda eşsiz bir kamarot, müthiş bir manav ve bulunmaz bir tesisatçı da olan profesyonel köpek eğitmeni gibi. Kartvizit bastırsanız ağaç yetmez.

- Sırf yemek yemeyi seviyor diye ya da bir hastalığı var diye neden bol şeyler giymek zorunda olsun?
- Yemesin o zaman. Rejim yapsın. Hastaysa da gitsin tedavi olsun. Bu kadar basit.

Hayatta senin için her şey bu kadar basit mi Emelcim? Demek bu kadar gamsızsın. Mesela senin ayrılık acın 6 saat sürer herhalde? Evli bir adama da asla âşık olmazsın sen! Yedeği olduğun dansçıyı da gösteriden önce merdivenlerden itiverirsin. Ne olacak canım, her şey bu kadar basit!

- Senin için basit. Belki onun için zordur. Nereden bilebilirsin onun ne yaşadığını?
- Of tamam, tartışmıyorum seninle. Tabii ki böyle diyeceksin.

Bir de haklı gibi "Tartışmıyorum" demiyor mu? Sende bu kafa varken zaten tartışamayız. Çünkü tartışmak karşılıklı yapılır. Tartışanlar birbirlerini dinler, anlamaya çalışırlar. Olaya karşı taraftan bakmaya çalışırlar. Ve tartışmanın sonunda da bir yere varılır. Ama seninle bunu yapmak bayağı imkânsız.

- Tabii ki böyle diyeceğim. Ne giyeceğime, ne konuşacağıma, nasıl yürüyeceğime, nasıl duracağıma karışabileceğiniz fikrini size kim veriyor ya? Böyle bir kural mı var? Yazılı olmayan bir kanun mu var? Kim belirliyor bunu?
- Göz var, izan var.
- Ben de aynı şekilde senin yamuk burnunu görmek istemiyorum o zaman. Burnunu kapatıp sokağa çık lütfen, olur mu? Göz zevkim bozuluyor.
- Ne diyorsun sen be!

Senin az önce yaptığın şeyin aynısını ben de sana yapıyorum. Böyle olunca kızdın tabii. Hiç hoşuna gitmedi, değil mi? Demin hava güzeldi ama. Ne oldu?

- Şurada kalp krizi geçirsen, o kız doktor olsa bütün fikrin değişir.
- Değil ama!
- Nereden biliyorsun?

Kilo: 92,4

Tartıyla vedalaşmayı düşünüyorum. İlla da kilomu bilmek istersem kantar kullanmaya başlayabilirim. Hem böylesi onun için de daha sağlıklı.

Bölüm 13

Banyo setiyle hayata tutunun

Bugünü tamamen kendime ayıracağım. Bir cumartesi pazarım var, onda da evime kapanayım güzelce. Ev temizliği, alışveriş, belki birkaç film de izlerim. Gerçi ondan pek emin değilim.

Okan'la hemen hemen her gece bir film izlerdik. Film izlemeyi onunla bütünleştirmişim resmen. Ne büyük hata! Televizyonu bile açmıyorum bu yüzden. Hele Yıldız Parkı'nın önünden geçerken, Kadıköy İskelesi'ne yaklaşırken ya da, çok saçma biliyorum ama, canım dondurma çekince hep gözlerim doluyor. Onu özlüyorum. Kimseye söylemedim ama ona ara sıra mesaj göndermeye devam ediyorum hâlâ.

Bugün yine o alışveriş sitesine girdim. İstediğim banyo setine uygun havlu takımı da buldum bir tane. Hemen sipariş ettim. Hayatımda bir yenilik yapmam gerekiyor ve yapabileceğim en basit yenilik de şu anda bu.

Sıkıntıdan, iki saatte bir eve yemek sipariş ediyorum. Gelen her pakette 2 kişilik çatal bıçak seti var. Haklılar tabii, bu kadar şeyi bir kişinin yiyebileceğine inanamıyorlardır. Ama yiyor. Afiyetle yiyor. Hem de bunun gibi 4-5 tane yiyor bir gün içinde. Çünkü doyma duygusunu kaybetmiş, bulamıyor. Şeytan almış götürmüş, satamamış ve geri de getirmemiş.

Parmaklarımı birbirine geçirip avuçlarımı kapatmaya çalışınca, parmak uçlarım havada kalıyor. Kapanmıyor. O derece şiştim. İçime hava basılmış gibi sanki. Balon gibiyim. İpimi bıraksalar hemen uçuvereceğim. Keşke uçabilseydim. O zaman yürümek zorunda olmazdım hiç. Ve yürürken attığım her adımda popom yukarı aşağı hareket etmezdi. Ayağımı yere vurunca, bacaklarımdaki yağlar keşkül gibi titremezdi. Kollarım sağa sola salınmazdı. Ona buna çarpmazdım. Dolmuşa binemeyeceğim için insanlar 6 kişilik koca bir yer açmazlardı ben sığıp oturabileyim diye.

Geçen gün işyerine bir adam geldi. Takım elbiseli, orta yaşlarda, saçlarının tepesi hafif açılmış, çok ince dudaklı bir adam. Bana "Bakar mısın, patron burada mı?" dedi.

Öyle şık bir aksesuar mağazasında şişman bir patron olamazdı herhalde. Kadın patron dediğin uzun boylu, fıstık gibi olacak. Topuklu ayakkabı şart, sarı saç olursa büyük artı değil mi?

- Şu anda burada değil beyefendi.
- Sigorta için gelmiştim ben. Ne zaman gelir, biliyor musun?

Bak nasıl senli benli konuşuyor benimle? Asıl sensin sen! Sigortalarımı attırmadan git şuradan!

- Bilmiyorum. Gelmez bugün. Zaten ilgileneceğini de sanmıyorum.

- Sen şu kartı ona ver. Beni arasın olur mu? Ben telefonda anlatırım veya randevu alırım. Önemli falan de.

Kartı aldım ve adam çıkar çıkmaz çöpe attım. O gitsin önce kendine bir sağlık sigortası yapsın bence. Bu kafayla bunu çok döverler.

Sinirim bozulunca daha da çok yiyorum. Bir anda kriz geliyor. Durup dururken "Hemen şimdi tiramisu yemeliyim!" diyorum ve kendimi sipariş verirken buluyorum. Hem de 3 porsiyon falan! Aynı şey börek için de oluyor, lahmacun için de. Önce görüntüsü geliyor aklıma, sonra kokusu, tadı ve pat! Gözümde şimşek çakıyor. Şimşek daha sönmeden, midem bayram kutlamalarına başlayıveriyor.

Güzel bir revani tarifi aldım teyzemden. Kadını da aylar sonra bunun için aradım. Ne yapayım, sevmiyorum akraba sohbetlerini. Zaten böyle böyle aramızda mesafe oluştu hepsiyle. Ben onları hiç aramadığım için onlar da beni aramıyorlar. Yılbaşından doğum gününe işte. Onun dışında bence gerek de yok. Ne anlatayım, hep klasik şeyler işte. Değişen bir şey yok ki. İşe gidiyorum, eve geliyorum, iyiyim. O kadar.

"Aşk beklemez
Ertelenmez
Dar vakitlerde ölür, büyümez
Alışmak yok
Karışmak yok
Kavga edersek
Darılmak yok
Kendini al gel

Gömleğini, kazaklarını
Kitaplarını al gel
Gel bu defa, gel evime
Gel, aşka gel
Misafir ol gel bana
Börekler açarım sana
Param pulum yok ama
Kalbim vuruktur sana
Aşk beklemez!"

Ne zamandır oje sürmediğimi farkettim. Kalktım, şöyle cart pembe bir renk seçtim. Kendi kendime eğlence çıkarmaya uğraşıyorum işte. Ağlanacak hâlime gülüyorum. Bugün Okan'ın eşyalarını toplayacağım artık. Dönmeye niyeti olan adam 3 ayda dönerdi. Yanına da pilav olsaydı, pilav döner iyi giderdi...

Eşyalarının hepsi bir yerde dursun. Nereye baksam bir parçası olmasın. Yoksa özleyesim olmasa bile mecburen özlüyorum.

Aklıma gelmişken birkaç mesaj daha gönderdim. Revaniyi de yakmasaydım iyiydi.

Kilo: 92,9

Bir bardak su içsem 93 görecekmişim demek ki. Tamam, matematik yalan söylemez ama bir insana "93 kilosun" demek de bu kadar pamuk ipliğine bağlı olmamalı.

Bölüm 14

Düğün

Yok efendim salatasında ceviz olmayacak diye özellikle belirtmesine rağmen, adam onu niye dinlememiş? Alerjisi varmış, adam ona suikast mı düzenliyormuş? Onu öldürmeye mi çalışıyormuş...

Bu Ayşegül tam bir âlem. Huysuz bir cadı ama böyle olması onu benim gözümde çok tatlı yapıyor. Her zaman hakkını savunuyor. İstediği şey için sonuna kadar savaşıyor. Üstelik bu cadılığına rağmen, insan ilişkileri çok iyi. İşinde de çok başarılı. Harika tasarımlar yapıyor. Çok yaratıcı. Tüm gün çiçeklerin içinde. Belki de bu yüzden işyerindeyken çok mutlu ve huzurludur. Dışarı çıkınca geliyorlar kıza.

- Tamam canım, sakin.
- Bu insanları anlamak imkânsız. Özellikle söyledim ya. Özellikle ceviz koymayın diye rica ettim yani.
- Tamam, şimdi cevizsiz getirecek.

Ah Ayşegül ah. O gün keşke o siparişi almasaydın. Ya da beni de o düğüne götürmeseydin. Ne güzel olurdu.

Her detayını dün gibi hatırlıyorum. Büyük bir işadamının kızı evleniyordu. Düğün için özel çiçek tasarımı yaptırmak istemişler. Bu alanda en marifetli olan kişiyi bulmuşlar tabii. Ayşegül günlerce çalıştı o iş için. Sonra onu da düğüne davet ettiler. O zaman Emre yurtdışındaydı. O dönemde sürekli yurtdışına gidip geliyordu. Sonra işini değiştirdi de nihayet birbirlerini özledikleri için her saat başı telefon fırlattıran o kavgaları bitti. Neyse, düğüne tek başına gitmek istemeyen sevgili arkadaşım benimle birlikte gitmesinin çok iyi bir fikir olduğuna karar verdi. Bekârım ya, teyze gibi bana oradan zengin koca bulacak.

Düğünlerle ilgili sevdiğim tek şey düğün pastasıdır. O kadar özenle hazırlanır ki o pasta. Üstündeki motiflerle, yumuşak kremasıyla, salona girerkenki ihtişamıyla gecenin en heyecan verici şeyi olur. Benim için düğünler, bir dilim pasta için bir çeyrek altın verdiğim en pahalı eğlencelerdir.

Sabahtan başladım hazırlanmaya. Manikürdü, pedikürdü, ojeydi, saçtı, baştı derken ancak akşama doğru hazır oldum. O zamanlar şimdiki hâlimden daha zayıfım ama sıska değilim tabii.

Şöyle eteği dizden itibaren bollaşan uzun, lacivert bir elbise giydim. Göğüs kısmında dantel işlemeli dekoltesi vardı. İçime de göğüs altından başlayıp, dizimin üstüne kadar inen bir korse giydim. Çünkü elbisenin karın ve popo kısmı üstüme oturan cinstendi. O korsenin içinde nefes alabilmek o kadar zordu ki. Bir de korse çok sıktığı için bittiği yerden resmen yağlar fışkırıyordu. Neyse ki orayı eteğim kapatıyordu.

Yanarım yanarım, o elbiseyi bir daha giyemeyecek olmama yanarım. O kadar güzeldi ki! Hâlâ dolabımda durur. Atmaya, vermeye kıyamıyorum. Dolabımda böyle giymediğim bir sürü şey var. Giydiklerim ise 3-4 parça. Hatta bu aralar içinde en rahat ettiğim tek şey bol eşofman. İşyerine eşofman giyme kuralı mı getirsem ne yapsam?

Neyse, koştura koştura yetiştik düğüne. Sanki uçağa yetişiyoruz. Ne var yani yarım saat geç gitsek? Yok, Ayşegül dakiktir. Hatta buluşmalarımıza bile bazen erkenden gelir. Ben ise her yere geç giderim. Kırk yılda bir erken gidesim tutarsa, o zaman da mutlaka ekstradan beklerim. Çünkü diğer kişinin, hayatında ilk kez o gün geç geleceği tutar.

İçeri girdik. Gayet elit bir ortam vardı. Çiçek tasarımı kusursuzdu. Ayşegül'le iftihar ettim. Gururlandım böyle başarılı bir arkadaşım olduğu için.

Yemekler nefisti. Eti kesin özel bir yerden alıyorlardı. Çünkü tadı yediğim hiçbir ete benzemiyordu. Pilav tane tane, yağ kokusundan eser yok, muhteşem. Sebzeleri özenle haşlayıp doğramışlar. Tazecik, diri diri. Hepsinin tadını ayrı ayrı alabiliyorsun. Arada muhteşem bir sorbe servis ettiler. Ve sıra nihayet pastaya geldi. Kendisine resmen saldırdım! Ayşegül'ün pastasını da ben yedim. O pek iştahlı değildir zaten. İyi ki.

İşte o pastayı yalana yalana yerken, çoğu zaman olduğu gibi, kaşığı bir ara ağzıma denk getiremedim. Kreması elbisemin yakasına döküldü. Silsem daha beter dağılacak. O anda ne yapacağımı bilemedim. Elime kumaş peçeteyi aldım, üstüne bastırdım ve nedenini hiç bilmediğim bir şekilde mutfağa doğru yol aldım. Orada mutlaka yardım edebilecek birileri vardır diye düşündüm herhalde. Vardı da.

İçeri girdim, birkaç adım attım. Yaklaşık 10-15 kişi harıl harıl çalışıyordu. Yemek ve pasta ustalıkla hazırlanıp servis edilmişti ama şimdi de çorba telaşı vardı. Birileri bulaşıkları yıkıyor, birileri tepsileri hazırlıyor, birileri çorbayı ısıtıyordu. Garsonlar içeri girip çıkıyordu. Devamlı bir trafik vardı. Sanırım içki servisi de buradan yapılıyordu.

Kimseye çarpmamaya çalışarak, bana yardım edebilecek birilerine bakınırken onu gördüm.

Karşımda durmuş, çok eskiden tanışıyormuşuz ve yıllar sonra orada karşılaşmışız gibi bana bakarak gülümsüyordu. Öyle hoş ve özel bir gülümsemeydi ki bu. Sanki kalabalık bir arkadaş ortamında ben espri yapmışım ve sadece o anlamış gibi özel bir gülümseme. İnsana, iliklerine kadar yalnız olmadığını hissettiren bir gülümseme.

Yok, ben kesin sarhoş oldum dedim. Bu; pala bıyıklı, önlüklü ve göbekli bir lokma ustası. Fakat ben votkayı fazla kaçırınca adam bana böyle gözüküyor tabii dedim. Koskoca beş yıldızlı otelin mutfağında, böyle şık ve yakışıklı bir beyefendinin olması mümkün değil ki. Gerçi ben de o anda oradaydım. Ve gayet de şık ve güzel bir hanımefendiydim. Üstelik göbeğimi de içime çekmekteydim.

"Size yardım edebilir miyim?" dedi ve elini, kumaş peçeteyi tuttuğum elime doğru uzattı. Elimi hafifçe tutup kaldırdı. Alttaki lekeyi gördü. O oraya bakıyordu, bense gözümü bir saniye bile kırpmadan onun yüzüne bakıyordum.

"Pasta mı döküldü?" diye sordu ama cevap veremeyeceğimi bilirmiş gibi, bir yanıt beklemeden, tekrar gülümseyerek:

- Şimdi hallederiz.

Sen zaten şu anda pek çok şeyi halletmiş durumdasın, diye geçirdim içimden. Şu saniyede bana 'bir kötülük' söyle deseler, aklımın ucuna bile gelmez. Hepsi zihnimden silinmiş durumda. Format atılmış bilgisayar gibiyim. Bir şey diyeyim mi? Bence senin bu hayatta halledemeyeceğin bir sorun olamaz. Sen sadece gülümsesen bile dünyada ne açlık kalır ne fakirlik ne küresel ısınma. Rica etsem, göğsümdeki pasta lekesine de bir gülümser misin?

Arkasını döndü ve bir şefin yanına doğru yürümeye başladı. Arkası da en az önü kadar etkileyiciydi. Böyle önlü arkalı, tam kıvamında pişmiş balık gibi.

Çok ince olmayan bacaklarından daha bugün alınmış gibi duran kösele ayakkabılarına inen lacivert kumaş pantolonu; o pantolonun içine soktuğu ve güçlü kollarını ortaya çıkaran kırık beyaz, hâkim yakalı gömleği; o gömleğin üstünde, kendisi için özel olarak dikilmiş kadar vücuduyla uyumlu lacivert yeleği; alt kısımları çok daha kısa, yukarı doğru hafif uzun bırakılmış Amerikan tıraşlı saçları ve kolundaki kahverengi deri kayışlı saatiyle bir romandan çıkmış kadar kusursuzdu.

Mutfakta onlarca yemek kokusu birbirine karışmıştı, o yüzden fark edemedim ama eminim parfümü de bir o kadar mükemmeldi.

Kimle ne konuştu, gelip yakama ne sürdü, hiçbir fikrim yok. Zaten artık oradaki leke de umrumda değildi. Hatta yeryüzündeki hiçbir leke umrumda değildi. Sanki kusursuzlaşmıştı yeryüzü, soyutlanmıştım her şeyden. İkimiz sanki başka bir yere ışınlanmıştık. Etraftaki sesler kaybolmuştu.

Sonra mutfaktan çıktık. Salona doğru gittik. Benim dilim tutulduğundan, kendisiyle işaretlerle anlaşıyordum.

"Benim masam şu tarafta" dedi. Ben de elimle bizim masayı işaret ettim. Yine gülümsedik ve ben masaya geldim. Gözümün önündeki tek şey onun yüzüydü. Bana bakan o kısık, açık kahverengi, boncuk gibi gözleriydi.

Masaya oturduktan sonra da hâlâ tek bir noktaya bakıp, salak gibi gülümsemeye devam ettim. Sonra Ayşegül'e dönüp, yanındaki adamla konuşuyor olmasına aldırmadan "Ben âşık oldum" dedim. O ana kadar masaya geldiğimi farketmemişti bile. Ben öyle deyince "Kim? Nerde be?" dedi. "Mutfakta" dedim.

- Hah, ben seni buraya zengin koca bul diye getirdim. Gittin aşçıya âşık oldun değil mi? Tebrikler!
- Değil.
- Ne değil? Ay garson mu yoksa? Eyvah eyvah!
- Hayır.
- Kızım konuşsana.

O sırada yanıma geldi. Beni dansa kaldırmak istediğini söyledi. Biraz önce masaya oturuken kucağıma alıp sonra masaya geri koymadığım çantayı bırakarak ayağa kalktım ve o sırada Ayşegül'le göz göze geldim.

Gözleri heyecanla, faltaşı gibi açılmıştı. Ne kadar yakışıklı olduğuna o da inanamamıştı. Ben gülümseyerek arkamı dönüp onun önünden piste doğru yol aldım. Yürürken bir adam koltuğunu geri itip ayağa kalkmak istedi. O anda beni belimden tuttu ve biraz kendine doğru çekti, 'dikkat et' dercesine.

Adama her hareketinde daha da âşık oluyordum. Ne kadar kibardı, ne kadar düşünceli ve korumacıydı... Ve birazdan belimden çok daha uzun bir süre tutacaktı. Kalp krizi geçirip oracıkta ölmezsem iyiydi.

Piste vardığımızda, şimdi hatırlamadığım şarkı bitti ve Nazan Öncel çalmaya başladı.

> *"Belki ben yatak döşek duygularım parça parça*
> *Her günümü, her gecemi yaşıyorum iki kişilik*
> *Hâlimi sordular söyledim birilerine*
> *Söylemese miydim acaba?*
> *Soruyor musun bakalım nasılsın diye?*
> *Ne biliyorsun belki iyi değilim bu gece?*
> *Anlamadan*
> *Dinlemeden*
> *Son sözümü söylemeden*
> *Nereye böyle?"*

O şarkı meğer bugün geleceğim durumu anlatıyormuş. Nereden bilebilirdim ki?

Belki de her şeyin içinde bir mesaj vardır. Belki de hiçbir şey sebepsiz yere yaşanmıyordur bu hayatta. Ya biz geç farkediyoruzdur ya da hiçbir zaman onun bir mesaj olduğunu anlamıyoruzdur belki.

- Ah, Nazan Öncel sever misin?

- Evet, çok severim.
- Hayranı olduğum tek kadın sanatçı diyebilirim. Çok ilginç oldu şu anda çalması. Ne şans.
- Evet.

Ben yine konuşamıyor, salak gibi kısa cevaplar veriyordum. Oysa Nazan Öncel'e bayılırım. İlk gençlik yıllarım onun şarkılarını dinleyerek geçti hep. Okuldan kaçarken takside o çalardı, yazlıkta kulağımda walkman'le onun kasetini dinlerdim, aldığımız ilk CD çalarda önce onun şarkısının sesini açmıştım sonuna kadar. İlk biramı onun şarkısında içmiştim.

Bunların hepsini, bu muhteşem adama anlatmak isterdim fakat o anda, bunun bir hayal olduğunu düşündüğümden, konuşursam belki bozulur diye endişe ediyordum.

Düşündüğüm tek şey belimdeki eli ve aramızdaki o kısacık mesafeydi. Üstelik ikimiz de lacivert giymiştik; her anlamda uyumlu bir çifttik yani. Sanki o gece oraya birbirimizi bulmak için özellikle gelmiştik. Mümkün olduğunca ona bakmamaya çalışıyordum. Çünkü baksam, gözlerim kesin dudaklarına kayacak ve oracıkta öpüşüverecektik, biliyordum. Ve öyle bir şey olsaydı, nerede olduğumuzu unutup kesin pistin ortasında sevişirdik.

O dans nasıl bitti, ben nasıl yerime oturdum falan hiçbir fikrim yok. Üstelik dans sırasında biraz sohbet de ettik ama hiçbir şey hatırlamıyorum. Sonradan Okan bana "O gece söylemiştim ya" dediği zamanlarda öğrenmiştim neler konuştuğumuzu.

Hah, Ayşegül'ün cevizsiz salatası geldi.

- Ayşegül ben karar verdim. Diyete, spora falan başlayacağım.
- O nereden çıktı şimdi? Başla tabii de yani hayırdır?
- Söyleyeceğim ama kızmayacaksın, söz mü?
- Bakarız.
- 2,5 ay sonra Nazan Öncel konseri var. Oraya gideceğim.
- Mantıklı. Nazan Öncel seni incelmiş görmeli.
- Bırak şimdi dalga geçmeyi de dinle. Geçen gün evi toplarken konser biletimi buldum. Okan ikimize bilet almış, kendisininkini cüzdanına koyup benimkini bana vermişti. Kadın yıllar sonra ilk kez konser veriyor ve bir daha da vermeyi düşünmüyor. Yani son konseri bu. Okan kaç ay öncesinden almıştı biletlerimizi. Yani kesin gidecek oraya, anlıyor musun?
- Ay bıktım Okan Okan...
- Sen dediğimi dinledin mi canım?
- Dinledim evet. Kesin gider, tabii.
- Nazan Öncel onun için çok değerli. Gitmeme ihtimali sıfır.
- Ee, sen de diyet yapıp kilo mu vereceksin?
- Evet, fıstık gibi gideceğim o konsere.
- Sonra ne olacak?
- Ayşegül sen niye heves kırıyorsun böyle? Belli bir sebebi var mı yani yoksa hobi olarak mı yapıyorsun?
- Okan'dan bıktım ben, Okan'dan. Sebebi o. Bay geldi çocuğun adını duymaktan artık.
- Bana gelmedi.
- Gelmez tabii. Benimki de can.
- Bari diyet için teşvik edici bir iki cümle alsaydık sizden Ayşegül Hanım?
- Birer bira söyleyelim mi?
- Olur. Arpadan yapılıyor sonuçta. Sağlıklı yani. Votka

gibi. O da patatesten yapılıyor mesela. Bunlar hep sağlıklı beslenmeye giriyor. Dikkat ediyorum ya ben artık, o bakımdan.

- En iyisi viski diyeti yap sen. O altından yapılıyor. Ya da kömür diyeti yap. Pırlanta gibi kızsın ne de olsa.
- Şakalarını yerim Ayşegülcüğüm.
- Ye ye, onları da ye canım.

Kilo: 92,8

Peki ben ne zaman bu FM radyo frekansı gibi kilolardan kurtulacağım acaba?

Bölüm 15

Diyetten önce son çıkış

Evet, bu kadar yemek içmek yeter. Önümde tam 2,5 ay var. Şimdi diyet zamanı!

Hiçbir şey yemeyip, 2,5 ay boyunca sadece su içersem anca kilo veririm. Gerçi bana su da yarıyor. SU böreği, SUpangle, SUcuklu yumurta, SUfle...

Yarın işe gitmeden önce spor salonuna gidiyorum. 3 aylık kaydımı yaptırıyorum. Haftada 4 gün, işten biraz erken çıkıyorum ya da işe biraz geç gidiyorum ve o süreyi spor salonunda geçiriyorum. Ayrıca evdeki tüm ıvır zıvırları paketleyip kapıya koyuyorum. İhtiyacı olan alıp yesin, benim yok artık.

Sonra da kendime bir yeme içme programı hazırlıyorum ve hiçbir şekilde bozmadan ona uyuyorum. 2,5 ay çok bir şey değil. Dişimi sıkarsam ve plana bağlı kalırsam, 8 kilo falan verebilirim herhalde. Müthiş! Gerçi benim istediğim 30 kilo vermek ama o kadar kısa sürede (eğer bir bacağımı filan aldırmazsam) mümkün değil. Olsun, ben verebildiğim kadar vereyim de, hiç değilse azıcık insana benzerim.

Konserden bir gün önce gidip kendime güzel bir elbise alırım. Okan'ın sevdiği gibi. Şöyle hafif mini, şık ve tatlı bir şey belki.

Evet, ben diyet yapabilirim. Daha önce nasıl yaptıysam, şimdi de aynı şekilde yapabilirim. O sefer işe yaramıştı. Şimdi neden yaramasın? Sadece biraz yaşım ilerledi. Metabolizmam durmadı ya sonuçta.

Önce bana tam olarak neyin kilo yaptığını bulmam gerek. Elbette çılgınlar gibi yemek yemek. Ama bunun yanı sıra hiçbir fiziksel aktivitem yok. Üstelik her gece hiç aksatmadan cipsler, çerezler götürüyorum, içkiler içiyorum. Ayrıca çayıma, kahveme şeker dolduruyorum.

Bunların hepsinden kurtulmam gerek. Asitli şeyler içmemeliyim artık. Onun yerine suya abanmak en iyisi. Hamur işini kesip sebzelerle beslenmeliyim. Balığı, tavuğu ızgara yemem lazım. Salata da yemeliyim. Meyve de. Of, daha düşünürken bana bir sıkıntı bastı. Hiç eğlenceli bir süreç olmayacak, belli. Ama bunu yapacağım. Bunu Okan için yapacağım. Zorla da olsa yapacağım. Çünkü bedeli ne olursa olsun, onu geri kazanmak istiyorum.

Eh madem yarın sıkı bir diyete başlıyorum, o zaman bugün son kez şöyle güzel bir lazanya yiyeyim. Biraz da börek. 5-6 tane de çikolata. Ayrıca pizza. Ve baklava. Tiramisuyu da unutmayayım!

Kilo: 93,7

Korkarım artık üzerinde yaşadığımız şu dünyaya ciddi ciddi ağırlığımı koyuyor olabilirim. Yörüngeyi bozacak kadar değil ama. Henüz...

Bölüm 16

Popom olmadan asla

Spordan geldiimmm! Şaka şaka.. sadece mutfağa gittim geldim. Ama sonuçta o da spor sayılmaz mı? O kadar hareket ettim yani.

Üç dört gündür bir türlü kendimi toparlayıp şu spor salonuna gidemiyorum. Vaktim daralıyor, tek bir gün bile kaybetmemem gerek ama olmuyor işte. Bir şey beni engelliyor sanki. İşe de boşu boşuna geç gidiyorum bu yüzden.

Dün yapmaya çok yaklaşmıştım ama itiraf edeyim. Kalktım bir güzel eşofman altımı giydim. Üstüme, bulduğum en bol tişörtü geçirdim. Ayağıma spor ayakkabılarımı bile giydim. Ve çıkmadan önce aynada kendime bir bakayım dedim. İşte onu demeseydim iyiydi. Aynada devasa bir patates çuvalı gördüm. O bol tişörtün altından bile kocaman göbek belli oluyor. Şöyle yan döndüm, popoma baktım. Ben spor salonuna gitsem, kendisi arkamdan bir saat sonra gelecek gibiydi. Soluk soluğa içeri girecek, "Merhaba, ben hanımefendinin poposuyum. Kendisi geldiler mi acaba? Burada buluşacaktık."

O kadar üşeniyorum ki! Ve bu üşengeçlik bu kilolar yüzünden oluyor, onu da biliyorum. Kolumu kaldırmaya hâlim yok. Banyo yapmak falan tam bir işkence. Zaten kafamdan suyu dökünce ayaklarıma varması 15 dakikayı buluyor artık. Sonra oradan çık, giyin falan. Hele çorap giymek dünyanın en zor işlerinden biri. Dizimi karnıma doğru çekemiyorum ki. Orada koskoca hava yastığı gibi karın var. Geleni geri itiyor.

Bence hareket ve spor şişmanlar için hiç uygun değil. Ama oturdukça yiyesim geliyor, yedikçe kilo alıyorum ve daha da oturasım geliyor. Tam bir kısırdöngü. Şimdi bir kısır olsaydı, ne iyi giderdi. Şöyle bol soğanlı, domatesli, hafif sulu.

Bir gün yemek yapmayı öğrenmeye heves edersem, kısır da kesin yapacaklarım arasına girecek. Bunu not alayım bir kenara.

Aslında ben yemek yapmayı öğrensem, belki bu kadar kilo almam. Mesela kendi kafama göre şöyle güzel bir meyve salatası yaparım. İçine koyarım mis gibi muz ya da çilek likörünü. Harika olur! Veya bezelye yaparım zeytinyağlı, yanına da bulgur pilavı. Soğanla yerim işte. Bir de ayran yanına...

Yeme alışkanlığımı aslında bir hayat biçimi hâline getirmem lazım. Yoksa böyle bir süre diyet yapıp, sonra yine patlayana kadar yiyince olmuyor. İnsan daha çok kilo alıyor. 3-5 ayda bir de çok istediğim bol kalorili bir şey yemek için kendime izin veririm. Olur biter işte.

Evet, evet. Ben bu fikri kafama çok iyi şekilde yerleştirmeliyim. Çırılçıplak bir fotoğrafımı çekip buzdolabının üstüne mi yapıştırsam? Dolabı her açmak istediğimde, o fotoğrafı görürüm. Yok ya, bu çok sert olur.

Keşke beynimin içine monte edebileceğim küçük bir cihaz olsa. Markette çikolataya uzandığım anda "Onun içinde sadece yağ ve şeker var. Alma onu bebeğim. Bak ne güzel meyveler var. Onlardan al. Hadi bakayım" dese. Eskiden öyle çok güzel bir program vardı. Bay Yanlış ile Doğru Ahmet. İşte benim Bayan Yanlış kendi saltanatını kurmuş içimde. "Ne meyvesi ya. Mis gibi çikolata varken... Ye gülüm ye, bir daha mı geleceğiz dünyaya be?" diyor.

Aslında beyinde öyle bir robot var. İsmi de İRADE. Hani şu sabahın 6'sında insanları uyandırıp bir saat koşturan, sonra kahvaltı ettirip işe yollayan şey. Ama onlar sıska. Ben de 60 kilo olsam, ben de üşenmez koşardım belki.

Hem onlarda çekmeceye saklanan misafir şekerlerini bulma azmi yok mesela. O bende vardı işte. Az mı azar işittim çocukken? Zaten çocukken yaptığın şeyler, ilerde nasıl biri olacağın hakkında ipucu veriyor. Mesela bebeklerine en güzel elbiseleri giydirmekle kafayı bozmuş bir kız vardı bizim mahallede. Yıllar sonra onu bir markette gördüm; tokası bile çantasıyla uyumluydu. Bense bebeklerime sürekli yemekler yedirirdim.

- Ayşegül, ben sana bir şey sormak istiyorum.
- Sor bakayım.
- Bebekler tombik olunca çok süper de, büyüyünce niye öyle olmuyor?
- Nasıl yani? Bebek dediğin şey büyüyünce yetişkin insan oluyor işte.
- Tamam da, büyümeye başlamadan daha. Yani henüz be-

bekken "Ay ne tombik bebek, ne tatlı" diyoruz. Sonra biraz büyüyor "Aman yesin, iyi beslensin", sonra "Neyse, boyu uzayınca kilo verir" ve en sonda da "Böyle olmaz, bir diyetisyene götürmek lazım."

- Bilmem, bunu hiç düşünmedim. Öyle bir şey o işte. Ne bileyim ben şimdi kızım. Bir elimde telefon, diğerinde papatyalar falan...

- Ayşegül, bu kuralları kim koyuyor ya sence?

- Şimdi nereden esti bu canım benim?

- Demin bir belgesel izledim. 16. yüzyılda kadının tombulu makbulmüş. O zamanlar bir kadının kilolu olması zenginliğin belirtisiymiş. Hani bunlar varlıklı bir aile, kilo yapacak lüks şeyler yiyebiliyorlar ve ihtiyaçları olmadığı için çalışmayıp, tüm gün yan gelip yatıyorlar manasında.

- Ee, ne yapalım, 16. yüzyıla mı gidelim?

- Öfff...

- Ah şu zaman makinesini bir türlü keşfedemediler işte! Hop, basıp gidiverirdin 16. yüzyıla.

- Belki de keşfetmişlerdir? Kızım o dönemde iri göğüsler ve geniş kalçalar, o kadının sağlıklı çocuklar doğurabileceğinin kanıtı olarak kabul edilirmiş. Rönesans ressamlarının tablolarına falan bak, kadınlar hep en az 70 kilo.

- Öğlen yemeğine çıkmadan önce iyi oldu bu. Bilgiyle doydum sayende canım.

- Ya Ayşegül, nasıl olmamız gerektiğine başkaları karar veriyor. Bu seni rahatsız etmiyor mu?

- Ben kendim istediğim gibiyim vallaha şekerim. Başkalarının dediklerini mi takacağım?

- Çok yardımcı oldun Ayşegülüm. Bak bence var ya, insan ne yapmalı biliyor musun?

- Ne yapmalı?

- Şöyle bir durup "Ben gerçekten ne istiyorum?" diye bir sormalı kendine.

- Şu çiçekleri paketlemek istiyorum mesela.
- Öyle değil ya. Hayatla ilgili. "Ne yaparsam mutlu olurum?" gibi. Ya düşün ki uzay boşluğundasın. Hiçbir şey yok, sen teksin. Ne yaparsın?
- Sıkılırım?
- Sonra?
- Aklıma bir şey gelmiyor, şu anda hiç felsefe havamda değilim kızım ya.
- Ne yaparsın biliyor musun? Etrafta suçlayacak birileri olmadığı için delirirsin. Her şeye kendin karar vermek, her yargıyı kendin oluşturmak durumunda kalırsın.
- Öf, tamam ya! Şişman olmak çok süper bir şey, zayıf olmak çok fena. Oldu mu?

Ayşegül işi kişisel aldığımı düşünüp, kestirip atıyor ama ben ciddiydim. Mesela neden kepçe değil de kafaya yapışık kulaklara sahip olmamız gerekiyor? Ağzı küçük veya dudakları kalın olanlar neden daha tahrik edici oluyorlar? Çarpık bacakları olan biri intihar mı etmeli? Gözlüklü biri seksi olamaz mı mesela?

Tanıdığım çoğu kısa boylu insanda bir agresiflik, alınganlık veya dikkati başka yöne çekecek dik bir özellik var. Herkesin 1,50 boyunda olduğu bir ülkede yaşasalardı, böyle bir karakterleri olmazdı. Bambaşka bir kariyerleri, bambaşka hobileri olabilirdi. Evlendikleri insanlarda bambaşka özelliklere bakıyor olabilirlerdi. Tüm hayatları bambaşka olabilirdi.

Kendi evimize taşındığımızın ikinci haftası falandı. Annemin mide ağrısı tutunca, beni eczaneye gönderdiler. Bir üst sokakta, yokuştan dönünce hemen solda küçük bir eczane vardı. 50'li yaşlarda, esmer tenli, kızıl saçlı, ortalamadan biraz daha kısa boylu dul bir kadın işletiyordu. İçeride, kapısı genelde aralık duran küçük bir oda vardı. Sakin bir mahalle olduğu için eczanenin pek fazla müşterisi olmuyordu. Kadın da arada o odaya çekilip, tek kişilik eski koltuğuna oturup, bir ayağındaki ayakkabıyı çıkarıp ayağını altına alıyor ve küçük tüplü televizyonundan, hiç kaçırmadığı gündüz dizisini izliyordu.

O akşam, istediğim ilacı söyledim. Ve kadın ilacı bulup paketlerken, kapısı aralık olan odaya baktım. Televizyondan çok kısık sesle çalmakta olan müziğe takıldım.

"Ay bu Göksel, eskiden bizim bir sokak arkamızda oturuyordu. Sümüklü, cılız, sümsük kızın tekiydi" dedi kadın.

"Öyle mi?" dedim. Aslında hiç umrumda değildi ama artık aynı mahallede oturacağımız için kadınla iletişim kurmaya çalışmıştım.

"Tabii canım. 6 yıl oturdu burada. Şimdi bizi tanımaz." diyerek sitemli bir gülüşle ilacın fiyatını söyleyip, bana baktı.

Sonradan, gide gele, ondan bundan duya duya öğrendim ki; âşık olmadığı bir adamla istemeyerek evlenmiş. Adam bunu defalarca aldatmış. Her gece kavga, her gece bağrış çağrış, bunlar mahalleyi ayağa kaldırıyorlarmış. Sonra adam 3 çocuğunu da alıp gitmiş. Çocuklar da yıllardır bu kadınla görüşmüyormuş.

'Aman bulaşma ona, hemen kavga çıkartır. Normal değil o kadın' diyenler çoktu bizim mahallede. İlaçlarını bile üç sokak ötedeki dik yokuştan çıkıp, oradaki eczaneden alıyorlardı. Ben bir kez daha gitmiştim, kadını gözlemlemek için. Ama çok soğuk bir enerjisi vardı gerçekten de. Ben de eve dönüp, gözleme yemiştim.

Keşke bir kuşu veya köpeği falan olsaydı bu kadının diye düşündüm. Dikkat ettim, hayvan besleyen insanlar onlara sonsuz sevgi ve hizmet sunuyorlar.

Karşılığında kucaklarında yatması, eve geldiklerinde kuyruk sallaması veya akvaryumun içinde süzülmesi mutlu olmaları için yetiyor.

Okan'ın da bir beta balığı vardı. İsmi Davut'tu. Çok güzel bir balıktı; upuzun, rengârenk bir kuyruğu vardı. Üstelik tek başına, çok geniş bir akvaryumda bakıyorduk ona. Huyları öyleymiş, geniş alan severlermiş. Küçücük balığın bile sevdiği, sevmediği şeyler var. Ne tatlı!

Balıkla daha çok Okan ilgileniyordu. Ben pek balık seven biri değilim. Hiç değilse beslemek açısından. Yoksa her gün balık olsa yerim, o ayrı.

Daha çok kedi, köpek, tavşan, hamster gibi hayvanları seviyorum. Yani kucağıma alıp okşamalıyım, öpüp koklamalıyım ben onu. Birlikte uyumalıyım. Elini tutmalıyım. Nefes alış verişini, kalp atışını hissetmeliyim. Ne harika bir duygu! Bir varlığı hayatta tutuyorsun. Onun en iyi şekilde yaşamasını sağlıyorsun. Yeryüzünde bundan daha büyük bir mutluluk yok belki. Sokakta şöyle yeni doğmuş bir kedi yavrusuna denk gelsem, alıp eve getirmeyi de düşünüyorum ara sıra. Ama sütten kesilip kesilmediğini anlayamam diye korkuyorum.

Teyzemin bir köpeği vardı. Çok iyi hatırlıyorum. Kadıncağız kolit hastası olduğu için bazı dönemler çok sancıları oluyordu ve ayakta duramayacak kadar yorgun düşüyordu. Ama köpeği günde en az 2 kez dışarı çıkarıp gezdirmesi gerekiyordu. Bir süre sonra bu pek mümkün olmadığından, özel birini tutmuştu sırf bu iş için. 5 yıl sonra da köpek öldü.

Bir de o yanı var işin. Okan'ın da balığı öldüğünde çok üzülmüştü mesela. Alışıp, sonra o kadar üzülmekten de çekiniyorum. Tüm bunlardan dolayı, içimde sadece bir heves olarak kalıyor bu iş.

Hem Okan evde kedi ister mi, bilemiyorum. Neyse, önce onunla konuşurum. Sonra bakarım.

Kilo: 93,9

94'e 0,1 kalmış. İyi yönünden bakarsak, hayvanlar âleminde güreşte indiremeyeceğim canlı sayısı gittikçe azalıyor. Ne işime yarayacaksa artık...

Bölüm 17

Aysun Hanım ve kelepçeli seks seti

Bu sabah, artık sadece tam 2 ay sürem kaldığı için ne olursa olsun mutlaka diyete ve spora başlamaya karar verdim. Ve 'ne olursa olsun' dediğim için aksiliklerle dolu bir sabah oldu elbette.

Önce kargo geldi. Çok sevindim. Tam spora başlayacağım gün, yani hayatımı değiştirmek için ilk adımı atacağım gün böyle bir şey olması harikaydı! Spordan gelip bir güzel banyomun yeni tasarımını yapabilir, sonra köpük banyolu huzurlu günlerime başlayabilirdim. Ama olmadı. Çünkü kuryenin yanında paketi açıp parçalara bakmak istedim. Bir de ne göreyim?

- Alo iyi günler, kiminle görüşüyorum?
- Aysun ben. Nasıl yardımcı olabilirim?
- Aysun Hanım, benim evime bir kutu geldi.
- Evet efendim?
- Kutunun içinde seksi iç çamaşırları ve bir adet de kelepçe var?
- Nasıl? Anlamadım efendim?

Ben de anlamadım işte Aysun Hanım. Bana bir mesaj mı vermek istiyorsunuz? Yani "Bak kızım, şu kelepçeyi al, midene tak. Tutukla onu. Yetti artık! Şöyle bir iki sene sağlam ceza ver. Ondan sonra incecik ol, bu iç çamaşırları giy. Ha, ondan sonra öyle seksi seksi otur pizzanı ye, filmini izle" mi demek istiyorsunuz?

- Aysun Hanım, kargoda bir karışıklık olmuş herhalde diyorum. Yani bu kutu benim değil. Açmış bulundum, kontrol etmek için. Yani bu kutu bana geldiyse, benim kutum da başkasına gitmiştir. Ben bu kutuyu ne yapayım şimdi?
- Kutunun üstündeki numarayı okuyabilir misiniz lütfen?

Okuyabilirim tabii, neden okuyamayayım? Benim sıkıntım okumakta değil, anlamakta. Bakın Aysun Hanım, size de oluyor mu hiç? Bir kitabı okurken, kendimi birden başka şeyler düşünürken yakalıyorum. Hay diyorum kafa nerede, okuduğum satır nerede. Dalmışım gitmişim ben meğer. Hop, tekrar dönüyorum paragrafın başına. Ama kitap okurken oluyor bu. Menülerde olmuyor mesela. Orada okuduğum yemek isimlerine ve içlerinde neler olduğuna gayet konsantre olabiliyorum. Demek ki önemli olan okumak değil, anlamak Aysun Hanım. Okumakla olmuyor bu işler. Hey gidi hey... Bazısı okuyor ama adam olamıyor. Adamlık hamurda. Aysun Hanım, benim hamurumdan çok güzel puf böreği olur bence. Ne dersiniz? Yumuşacık böyle, puf puf.

Ben bugün 'ne olursa olsun' spor salonuna gideceğim ya, her şeyi kurmuşum kafamda. Sabah kalkmışım, buğday ekmeği, reçel, zeytin, yumurta falan gayet güzel kahvaltımı etmişim. Üstümü giyip, aynaya hiç bakmadan önünden transit geçip, gideceğimi falan planlamışım ya. Bu kez de yağmur yağmaya başladı. Gök gürültüsü bir yandan, sağanak diğer yandan. Evren resmen benim kilo vermeme karşı!

İnat değil mi ulan, yağarsa yağsın dedim. Aynen planladığım gibi bir hışımla çıktım evden. Şemsiye bile almadım yanıma. Neyse ki paltomun kapüşonu vardı.

Oralarda yorulurum, aç biilaç kalırım diye çantama bir tane de elma attım tabii. (Gerçi 2 tencere etli lahana dolması da atıverseydim fena olmazdı. Sonuçta 3 saat spor yapacağım yani. Şaka şaka, 3 saat spor mu yapılır ya!)

Salona girdim. Neyse ki fazla kalabalık değildi. Hemen antrenörün yanına gittim. Anahtarımı aldım. Soyunma odasına geçtim. Çantayı, paltoyu dolabıma bıraktım. Bir litrelik suyumu yanıma alıp dışarı çıktım. "Evet, ne yapıyoruz?" dedim. Beni dosdoğru koşu bandına götürdü. "Burada bir saat yürüyoruz" dedi.

Bir saat mi? Delirdin mi sen? Ben burada bir saat nasıl yürüyeyim? Hem nereye yürüyeyim? Yürü yürü bir yere varmıyorsun. Sistem gayet mantıksız. Yapma, etme. Sıkılırım ben...

- Peki.
- Sonra da bisiklete bineceğiz.

Birlikte mi bineceğiz? O bisiklet ikimizi birden taşımaz ama sevgili antrenörüm. Ha ama sen illa bineceğiz dersen kırmam; bir tur gezdiririm seni.

- Tamam.
- Bunu bir ay boyunca haftada 4 gün yapacağız.

Trip atan kızlar gibi suratımı asıp, her söylediğine kısa kısa cevaplar veriyordum. Çünkü o anda oradan koşarak kaçmak istiyordum. Ben ki, en son ne zaman koştuğunu hatırlamayacak kadar şişman bir kızdım ama o anda koşabileceğime olan inancım sonsuzdu. Hem de koşarken memelerimin hop hop hoplamasını bile umursamazdım.

Hem bu adam niye her cümleyi bu şekilde kuruyor? Yani ikimiz yapacakmışız gibi. Onun hiçbir şey yapmaya ihtiyacı yok ki. Üstüne geçirmiş dar, kısa kollu bir tişört. Tüm baklavalar ortada. "Baklavalarınız fıstıklı mı acaba? Ben biraz yesem, şekerim düştü de."

- Umarım.
- Baştan zor gibi gelecek ama o zorluk en fazla bir iki hafta sürer. Merak etmeyin.

BİR İKİ HAFTA MI? Senin ağzından çıkanı kulağın duyuyor mu be! Bir iki dakika der gibi bir iki hafta dedi resmen. Tabii, senin için söylemesi kolay.

- Bir iki hafta mı?
- İstikrarlı şekilde spor yapmalısınız. Diyetisyene gidiyor musunuz?
- Hayır. Kendi kendime dikkat etmeye çalışıyorum. Lisede bir dönem gitmiştim. Elimde listeler var.
- Ama aradan bayağı zaman geçmiş. Şekeriniz, kolesterolünüz ne durumda bunları biliyor musunuz? Diyetisyen bunları kontrol edebilirdi.
- Yılda bir kez kan tahlili yaptırıyorum. Onlarda bir sıkıntı yok şu anda. Zaten evime ya da işyerime yakın, dürüst, ahlaklı, kafama göre bir diyetisyen bulursam ona da başlayacağım.

Diyetisyende bile aradığım ne çok özellik varmış diye geçirdim içimden. İnsanın diyetisyeniyle psikoloğu çok önemli bence. Ben psikoloğa hiç gitmedim ama lisede birkaç kez gittiğim diyetisyen çok tatlı bir kadındı. Güleryüzlüydü mesela. Kendimi onun yanında rahat hissediyordum. Ama diğer yandan da, üstümdeki otoritesini hiç bozmamıştı, biraz da çekiniyordum kendisinden; ki doğru olan da buydu galiba.

- Tamam o hâlde. Diyete de mutlaka devam edin.
- Evet, edeceğim de...
- Kilolar 2 haftada gelmedi. Vermek istediğiniz 20 kilo var. Siz bu 20 kiloyu nasıl 2 haftada almadıysanız, 2 haftada ya da 2 ayda vermeniz de mümkün değil. Mümkün olsa dahi, sağlığınız açısından çok riskli. Önemli olan uzun süre içinde, vücudunuzu alıştıra alıştıra yeni bir forma sokmak.
- Acaba şok diyet yapsam mı? Ya da şu tek gıda diyetlerinden? Birkaç kez denedim, daha çok kilo aldım ama yanlış yaptım herhalde. Başkaları işe yarıyor diyor?
- Herkesin bünyesi farklıdır. Sizin zevkleriniz, karakteriniz herkesle aynı mı? Değil. O tür diyetler, doktor kontrolünde, size özel olarak hazırlanıp, belli aralıklarla yapılmalıdır.

Ah canım benim, ne de güzel anlatıyor. Biraz daha sohbet etsek keşke. Ne güzel, spordan yırtıyorum. Hatta şu ilerde bir kafe var, atlasak şu bisiklete, oraya gitsek, hazır her şeyi birlikte yapıyorken. Orada iki bira, bir büyük patates kızartması söylesek. Bunları orada konuşsak? Hı?

- Doğru, tabii.
- Kilo vermek düşündüğünüz kadar zor değil, inanın. Bir ay her gün pasta yeseniz belki 2 kilo alırsınız. Ama haftada 4

gün spor yaparak ve yediklerinizi azaltarak, 3-4 kilo verebilirsiniz.

Anlıyorum ben seni. Bunlara karşı değilim. Hem zaten ben de diyet yapmak istiyorum ama yemek yemekten vakit bulamıyorum işte. Tek sorun o!

Kilo: 94,2

94,2 mi! Daha kötüsü, 94 mü?
Durun hırsımı alamadım, nokta 2 mi? Hadi 94'sün,
o nokta iki ne? Neyi kanıtlamaya çalışıyorsun bana?
93,9 olsan ölür müydün?

Saçlarım kaç gramdır acaba?

Bölüm 18

Diyete başladım, esnaf kan ağlıyor

Yaklaşık bir haftadır spora gidiyorum ve diyet yapıyorum. Bunu söyleyeceğim aklımın ucundan geçmezdi ama spor mucize gibi bir şey. Daha şurada bir hafta önceye kadar, günün 24 saati acıkıyordum. Spora başlayınca otomatik olarak iştahım azaldı. Belki de oraya para veriyorum, emek veriyorum diye düşünüyorumdur alttan alttan. Ayrıca zamanım da daralıyor, konsere az kaldı; bunun da farkındayım.

Spordan sonra hiç huyum olmayan şeyler yapıyorum. Mesela o sokakta yıllardır, harika salata yapan bir yer varmış. Yanındaki lahmacuncudan dolayı dikkatimi çekmemiş hiç. Algıda seçicilik işte. Oraya gidiyorum. Büyük bir tabak tavuklu, bazen peynirli salata yiyip yanında su içiyorum. İşyerine artık ev yemekleri sipariş ediyorum. Çoğunlukla zeytinyağlılar. Çantama da bir iki elma, muz, kuru kayısı falan koyuyorum; ara sıra da onları yiyorum.

Akşamları zorlanıyorum biraz. Birkaç kez yemek yapmaya çalıştım, beceremedim. Bizimkiler akşamları onlarla yemek yiyip, eve öyle geçmemi teklif ettiler. Böyle bir sürece girdiğim için onlar da beni ellerinden geldiğince desteklemeye çalışıyorlar. Hatta orada kalmamı bile istediler. Ama spor salonu benim eve yakın olduğu için kabul etmedim. Zaten kargo gelebilir. Bir de balkonda ektiğim naneleri yine çürütmek istemiyorum. Her şeyi geçtim, şimdi mahalleden birinin öleceği tutar, komşunun biri annemlere helva getirir falan, gitti canım diyet! O riski göze alamam. Herkes gayet sağlıklı yaşasın işte böyle.

Ayşegül de yaptığım şeyi destekliyor. Kendisi de 3 kilo aldı son 2 ayda.

İnsan bir şeye karar verdiğinde, istikrarını görenler bir şekilde destek oluyor. Tabii köstek olanlar da olmuyor değil.

Otoparkın iki blok ilerisinde, pastane gibi, küçük, şirin bir yer var. Yıllardır oradan bir şeyler alırım. Almasam bile 'günaydın' ve 'iyi akşamlar'ımı hiç eksik etmem. İşte o kadına da diyete başladığımı söyledim. Yok efendim ne gerek varmış da, ben böyle gayet iyiymişim de, hem zaten benim yüzüm güzelmiş de, o yetermiş de, falanmış filanmış. Bir saat, resmen beni vazgeçirmek için çaba sarfetti.

Ben bu insanları anlamıyorum. Ben kilo verirsem mi yoksa kilo alırsam mı daha mutlu olacaklar acaba?

Belki de tüm esnafla anket yapmalıyım. Hatta sokakta yanından geçip gittiğim herkesle de. Benim için en uygun olan kiloyu elbette onlar bilirler. Nasıl yaşamam gerektiğini, neler yiyip içmem gerektiğini, kimlerle görüşüp kimlerle alakamı kesmem gerektiğini. Öyle değil mi?

Mesela en sevdiğim çiçek orkide mi olmalı yoksa nergis mi? Kullanacağım parfümdeki ana esans ne olmalı? Bir çizgi film kahramanı olsaydım hangisi olurdum? Operadan mı daha çok zevk almalıyım yoksa baleden mi? Tırnaklarımı küt mü kesmeliyim yoksa yuvarlak mı? Tırnak uzatmalı mıyım ben?

Ayşegül çalıştığı için, genelde pazar gününü yemek yapmaya ayırır. 3-4 tencere değişik yemek yapar, bir hafta boyunca onu yerler. Aslında tam bir hafta değil, 4 gün falan. Yani her güne bir yemek. Sonra geri kalan günlerde balık, tavuk, et falan yaparlar. Cumartesi akşamları da dışarıda yer, oradan da eğlenmeye giderler. Bu yaşam şeklini oturtmuşlar. Sağlıklı besleniyorlar. Emre'nin zaten biraz tiroidi yüksek olduğu için çoğunlukla ona uygun yiyip içiyorlar. Yağı, şekeri, alkolü abartmıyorlar yani.

Sağolsun, "Sana da bir tencere yemek yapıveririm" dedi. Eli de çok lezzetlidir. Tıpkı Okanım gibi. Menemen bile yapsa, sanki sihirli bir formül kullanmış gibi enfes bir şey olur.

Tamam dedim, canıma minnet. Hem yapmayı da seviyor zaten, ona külfet olmaz. Diğer günler de işyerinin oradan ev yemeği almaya karar verdim. Eve yağsız ızgara yapabileceğim bir tava ve bir de buğulama tenceresi aldım, onlarda da et, balık, tavuk falan yaparım diye. Gerçi pek ümitsizim. Elim kesin gitmeyecek diye düşünüyorum ama kendimi zorlamaya çalışacağım.

Bir an önce salı günü gelse de tartılsam. Kafamın içindeki tek şey bu. Çünkü sadece haftada bir gün ve salı günleri tartılacağım. Öyle ikide bir tartıya çıkmak iyi bir şey değilmiş. Şimdi çıkan kilo, 2 saat sonra farklı çıkabilirmiş. En mantıklısı haftada bir genel sonucu görmekmiş. Canım antrenörüm. Ne güzel bilinçlendiriyor beni. Keşke hepsi böyle bilgili olsa. Çoğu kulaktan dolma şeylerle geliyorlar, halbuki etli dolmayla gelseler ya...

İki gün kaldı. Zaman geçmek bilmiyor. Sanki maaş alacakmışım gibi bir heyecan var içimde. Hem de primli. Eh bu kadar çalıştım, bu kadar aç kaldım, birkaç gece işkence gibiydi resmen. Bir mükâfatı hak ettim!

Kilo: 94,4

Yok canım, başkasının kilosudur o bence. Tartının dibinde kalan kilodur, bir şeydir. Boruda kalanı ölçmüştür. Mantıksal olarak izahı yok bu durumun.

Bölüm 19

Banyo setinin laneti

Benim işim zor. İlk hafta tam 2 kilo verip sevinçten havalara uçtum ama sonraki iki hafta sadece bir kilo verdim. Yani bir ayda toplamda 3 kilo vermiş oldum!

Bu da demek oluyor ki, konsere kadar ben ancak 6 kilo falan verebileceğim. O da en iyi ihtimalle. Çünkü menstrüasyon döneminde vücut su tutuyormuş, kilo vermek daha zor oluyormuş.

Sıkı sıkıya da tembihledi antrenör. O dönemde bazılarının gözü dönüyormuş, tatlı veya karbonhidrat krizlerine falan giriyorlarmış. Aman aman sakın ağzıma makarna, pilav, börek, çörek veya tatlı matlı koymayacakmışım. Bol bol meyve yiyecekmişim. Hatta muz. Spora da o günlerde sadece 2, en fazla 3 gün ara verecekmişim.

Beni öyle bir korkuttu ki. Hani "Sana bir şey diyeceğim ama korkma" diyerek cümleye başlarlar ya. Yani korkman için söylenir o aslında. Ve sen zaten o anda şartlanırsın korkmaya.

Neyse ki iyi bir şey de oldu. Aldığım tencerede balık pişirdim! Harika bir buğulama yaptım hayatımda ilk kez. Kendime inanamadım. Çok aç olmama rağmen resmen eserimi yemek istemedim bir an. İçine limonlar mı doğramadım, defne yaprakları mı koymadım. Pek özendim. Ve sonunda da çok güzel bir şey oldu. Bunu haftada bir iki gün yapmayı düşünüyorum.

Zamanla gerçekten fikirlerim de değişiyor. Yani mesela vıcık vıcık yağda kızarmış bir patates yerine, etin yanına bir tabak yağsız püre artık daha lezzetli gelmeye başladı. Bu arada benim evde rondo varmış ve rondoyla havuç, soğan falan rendelenebiliyormuş. Resmen elimin altında duran şeyleri görmüyormuşum.

Hemen hemen her yemekle çok az zeytinyağı ve bol limonlu salata yiyorum. Birazcık da tuz ekliyorum. Antrenör tuzdan uzak dur diyor ama şekeri kestim, tuzu da kesemem, hiç kusura bakmasın. Hem zaten bir çimdik tuz atıyorum. Ne var yani?

Ayrıca şükretsin o. Ben eskiden susuzluktan ölsem, gebersem bir bardak su koyup içmek aklıma gelmezdi. Dilim damağıma yapışırdı da, "Birazdan geçer" derdim. Şimdi spora başladığımdan beri zorlaya zorlaya günde 1,5 litre su içmeyi alışkanlık hâline getirdim. İçtikçe de içesim geliyor, ilginç. Bana mı öyle geliyor, bilmiyorum ama cildim parlamaya başladı sanki. Yüzüm böyle bir ışıl ışıl oldu. Okan beni sadece zayıflamış olarak değil, güneş gibi parlayan bir yüzle görecek.

İçimdeki heyecan gün geçtikçe büyüyor. Ve bu heyecan bana güç veriyor. Azmetmeyi hatırladım resmen. Demek ki bu azim denen şey aslında herkeste var ama dışarı çıkması için bazı şartlar talep ediyor. Biraz kaprisli demek ki kendisi.

- Efendim anne?
- Cuma akşamı İpek Teyze'nin oğlu evleniyor.
- Cuma akşamı olmaz anne ya.
- Cuma evlenemez mi?
- Öff evlenir tabii de ben gelemem.
- Neden?
- Konsere gideceğim.
- Ne konseri?
- Nazan Öncel konseri var. Biletleri aylar öncesinden aldık.
- Ayşegüllerle mi?
- Hayır. Başka arkadaşlarımla gideceğim.

Yalan söylemeye ben de karşıyım ama bazen anneye babaya beyaz yalanlar söylenebilir bence. Gerçi ben onlardan hiçbir şey saklamadan büyüdüm, rahatça konuşabildim her şeyi. Ama yine de ara sıra ev partilerine giderken, kız arkadaşıma ders çalışmaya gidiyorum dediğim geceler de olmadı değil. Onların kızabileceği veya telaşlanabileceği fakat benim için hiç de öyle bir durum olmadığına inandığım konulardı bunlar. Hem eminim onlar da bizim iyiliğimiz için bazı şeyleri sakladılar bizden veya bize yalan söylediler. Sonuçta hiç kimse zarar görmedi. Sapasağlam şekilde bugünlere geldik işte.

- Bak Meryem seni rüyasında görmüş. Beyaz elbise giymişsin. Çok iyi gördüm, dedi.
- Öyle mi? Ne güzel.
- Beyaz elbiseye baktım kitaptan, temiz gelişmeler anlamına geliyormuş. Ne oldu üst komşu, taşındı mı?
- Evet, taşındı o.

- Hah iyi, kafanı dinlersin kızım. Öyle bangır bangır müzik mi açılırmış gecenin köründe?
- Evet.
- Ne oldu? Durgunsun, bir şey mi oldu yavrum?
- Yok anneciğim olmadı. Yoruldum biraz. Spora falan gidiyorum ya.
- Aman git kızım, git. Haftaya sana geleyim diyorum. Bir iki gün kalırım. Evi biraz temizler, düzenleriz.
- Olabilir anneciğim, konuşuruz.
- İyi yavrum, haydi öpüyorum.
- Ben de öpüyorum canım benim.
- Ben o zaman şehir dışında diyorum İpek Teyzene?

Yalan her yerde. Herkes herkese söylüyor ama bu yalanlar kimseye zarar vermiyor neticede. Yalan iyi demiyorum ama mesela yalanmak iyi. Şöyle soslu bir spagetti veya gofret yiyip yalanmak paha biçilemez! Hele koca bir külahtan dondurma yalamak!

Bazen camın kenarında oturup dışarı bakıyorum. Hele bir de yağmur yağıyorsa, camdan süzülen damlaları izliyorum. Takip ettiğim bir damla başka bir damlayla birleşirse, "İşte biz de böyle birleşeceğiz. Şu an ayrı yerlerde olmamızın hiçbir önemi yok. Sonunda birleşeceğiz, biliyorum" diyorum. Sonra gökyüzüne bakıyorum. Onu düşündüğümü hissetmesini diliyorum. Onunla aynı gökyüzünün altında olmak bile, onunla birlikte olmak gibi geliyor bana. Bu kadar mı uzak iki kalbin arası? Bence değil. Bence, iki öğün arası kadar yakın olmalı iki kalbin arası.

Bu ev artık çok boş. Düşüncelerim duvarlara çarpıp bana geri geliyor gibi. İyi ki eskisi kadar vakit geçirmiyorum burada. Yoksa hepten kafayı yerdim herhalde. İşti, spordu, oydu, buydu derken aklım biraz dağılıyor. İyi ki de dağılıyor çünkü Okan her zaman aklımda. Bir saniye bile oradan hiç çıkmıyor. Sadece oturup, onu özleyip üzülmek için yeteri kadar vaktim olmuyor, o kadar.

Zaten olmasın da. Çünkü üzülecek bir şey yok. Çünkü benim kendimi bırakmam değil, toparlanıp ayakta durmam gerekiyor. Güçlü, özgüvenli, mutlu, sakin bir kadın olarak o güzel gözlerinin içine baktığımda, onun da bana gülümseyerek bakacağını hayal ediyorum. Bu resmi getiriyorum gözümün önüne. Üzüntüm geçiyor.

Sarışın, gençten, ince bir çocuk çaldı kapıyı. Delikten bakınca burnu kocaman gözüküyordu ama kapıyı açınca öyle değildi. Elindeki kutuyu bana uzattı. Alıp hemen kenardaki taburenin üstüne koydum. Bu sefer diğer elinde tuttuğu klasörü ve cebinden hızlıca çıkardığı kalemi uzattı.

- Şuraya bir imza alabilir miyim?
- Alabilirsiniz ama ben kutuyu açıp bir kontrol edeyim, biraz bekleyin olur mu... (Yaka kartına baktım) Sedat Bey?

Öyle hemen imza attırıp gitmek yok delikanlı. Geçen sefer başıma geleni bilmiyorsun sen. Şimdi bunun içinden şişme bebek bile çıkabilir. Gerçi fena da olmaz. Bana arkadaş olur işte. Ben de şişirilmiş bir bebeğe benziyorum, farkettin mi Sedat? Onunla birlikte film izleriz, banyo yaparız. Balkonda otururuz. Kahve içeriz. Ben konuşurum, o dinler. Sonra bir arı gelir, sokar onu. Patlatır gider. Benim arıya alerjim var Sedat. Olmasaydı ben de bir soktururdum kendimi belki. Sedat, bana doğru söyle, işe yarar mıydı sence?

Koliyi kenarındaki bantlardan kestim. İçindeki parçalar, tek tek sarılmıştı. Hepsini kontrol etmeye başladım. Bir de ne göreyim? Fırçalığın kenarı kırık.

- Bu kırık, ben bunu alamam.

Kırık bir şeyi neden alayım? Sen bakkaldan kırık yumurta alır mısın mesela Sedat? Almazsın. Doktor yerine kırık çıkıkçıya gider misin? Gitmezsin. Kırık bir kalbin içinde nasıl kanamadan durabilir sevda bilir misin? Bilmezsin.

Sedat sana bir şey soracağım... İntikam soğuk yenen bir yemektir derler. Ama soğuk yenen yemeklerin çoğu zeytinyağlı. Düşünüyorum da, acaba ben de mi intikam hırsı içine girsem? Belki o zaman yağda kızartmalar bana artık cazip gelmez ve hemencecik kilo verebilirim. Var mı senin aklına gelen intikamlık bir durum falan? Varsa söyle, lütfen bak.

- Ben bunları böyle tekrar sarıyorum. Ve size iade ediyorum. Yetkililere bildirin lütfen. Ben bu seti eksiksiz ve kırıksız istiyorum.

Moralim tekrar bozuldu.

Kilo: 91,4

Sonunda tartı! İşte şimdi gerçeklerden bahsetmeye başladın. Adamsın tartı, tartısın! Tartı gibi tartısın.

Bölüm 20

"Su aygırı mısınız hanımefendi?"

Üç gün sonra, olabilecek en kötü şeylerden biri geldi başıma. Spordan çıkıp, işyerine henüz gitmiştim ki Ayşegül aradı. Yarım saatlik genel sohbetten sonra asıl konuya girdi.

- O zaman 8 gibi alırız seni evden.
- Ne? Niye?
- E Emre'nin doğum günü ya işte. Bizim mekâna gideceğiz.
- Ha doğru, bugün doğum günü değil mi? Aklımdan çıkmış tamamen ya.

Diyet yaparken kesinlikle bir adada falan yaşamak lazım. Doğum günü, bayram, seyran; hiçbir kutlama, hiçbir sosyal aktivite olmamalı insanın hayatında. Ben şimdi oraya gidip, ne yiyip ne içeceğim? Pasta kesecekler, ne diyeceğim? "Teşekkürler, ben almayayım. Diyetteyim." Bu sefer yine ısrarlar başlayacak. "Bir dilim pastadan ne olur? Bir kadeh içkiden ne olur?" ve bozulup gidecek bir aylık düzen. Üstelik bir insan tek başına bir dilim yiyorken, 2 kişiyle birlikte 4 dilim yiyormuş. Bunlar araştırılmış, bilim bunlar, yalan değil!

- Sana da iyi gelir. Ne zamandır dışarı çıkmıyorsun hayatım.
- Ben orada ne yiyip ne içeceğim Ayşegülcüğüm?
- Ben onu da düşündüm, sen dert etme. Bak şimdi, ara sıcakları yemeyeceksin. Kocaman bir salata söyleyeceğiz. Bir de ızgara et falan, tamam işte. Var öyle şeyler de orada yani.
- Pasta neli canım?
- Hah, pasta da frambuazlı. O da detoks mu ne yapıyormuş işte vücuda. Yani sorun yok.
- İçki olarak neleriniz var peki?
- İçki olarak da soda limon içiverirsin kızım. Zaten biz de çok içmeyiz. Emre yarın sabah Pervinlere gidecek. Kocası şehir dışındaymış. Çocuğu hastaneye götürecekler. Üşütmüş, biraz ateşi falan varmış.
- Bana sorarsan yine geçen seferki gibi olur, ben sana diyeyim. Sabahlarız, Emre de oradan kız kardeşine gider.
- Yok kız, yok. Pervin oyar onu geç kalırsa. Hele bir de öyle içki koka koka giderse yanına, hepten delirir. Biliyorsun kocasına alkolü bıraktırmak için neler çekti zamanında.
- Evet, biliyorum da...
- İşte o yüzden Emre mutlaka eve gidip, bir duş falan alıp, ayılıp öyle gitmeli oraya. Ay amma dert ettin sen de ha. Kızım 8'de geliyoruz işte, tamam mı?
- Ay iyi, tamam.
- Hah, anlaştık.
- Ayşegül, baksana. Ne alayım Emre'ye? Neye ihtiyacı var? İstediği bir şey var mı bu aralar?

Hediye seçmek bence çok sancılı bir süreç. Alınan hediye hem işe yaramalı hem seni hatırlatmalı hem iki günde bozulacak, solacak, kırılacak bir şey olmamalı. Binlerce detayı var. Ben çok önem veririm hediyelere. Sevdiğim insanları iyi dinlerim. O aralar kendilerine ne almak istediklerini duyduğumda hemen aklımın bir köşesindeki 'hediyelikler' kısmına kaydederim. Biri bana tam istediğim şeyi aldığında, bana gerçekten değer verdiğini düşünürüm.

İlla özel bir gün olması gerekmez. İnsanlara durup dururken de hediyeler alırım. Bunun kilolarımla alakası var mı diye düşünüyorum bazen. Bütün şişmanlar böyle hediyeperver mi acaba? Çünkü bir mağazaya gittiğimde; üstüme olan bir kıyafet bulamazsam, oradan elim boş çıkmaktansa birine bir hediye almayı tercih ederim çoğu zaman.

- Hmm.. Dur bakayım. Bir şey yok ya. Boşver. Ne alacaksın? Beraber oluruz, tamam işte.
- Olmaz kızım öyle. Doğum gününe, düğüne eli boş gidilmez. Yok mu istediği bir şey? Bir düşünsene.
- Ay ne bileyim ben, şimdi aklıma gelmiyor ki böyle.
- O zaman puzzle alayım yine?
- Hah, tamam al. Şey al... Değirmenli böyle. Bulursan yani. Bu aralar taktı kafaya değirmenleri benimki.
- Olur, bakarım. Nereden çıktı ki?
- Ne bileyim işte. Mekanizması mıdır nedir, ilgisini çekiyor. Büyük bir maket aldı geçen gün. Salonun ortasında duruyor hâlâ.
- Tamam canım.

Ben eve gidip çarçabuk hazırlanmaya başladım. Öyle fazla özen göstermedim kendime. Saçımı topuz yapıverdim. Üstüme bir gömlek geçirdim. Altıma da her zaman giydiğim pantolonlardan birini giydim. Boynuma bir kolye taktım. Birazcık da makyaj yaptım, tamam işte. Akşam sofraya gelecek muhteşem yemekler için aynanın karşısında prova yaptım.

- Siz de şarap alır mıydınız?
- Ben su alayım, teşekkürler.

O şarabı içersem ben şimdi fıçı gibi olurum yine, biliyor musunuz sevgili garson bey? Öyle bir yan etkisi oluyor bende, ilginçtir. Tıpta yok, bende var. Gel bey amca, zararına veriyorum. Sen de nasiplen.

- Tatlı olarak şefin hedeli hödesinden tavsiye ederim.
- Yok, ben tatlı istemiyorum, teşekkürler. Bir bardak daha su alayım.
- Su aygırı mısınız hanımefendi?

Tam 8'de geldi Ayşegül ve Emre. Bir elimde çanta, bir elimde hediye paketiyle bindim arabaya. İkisi de pek şıktı. Büyük ve henüz yeni sayılabilecek arabalarının içinde gıcır gıcır oturuyorlardı.

Yolda pek konuşmadık. Mekâna vardığımızda arabadan indim, kapıyı kapattım, birkaç adım attım. Ayşegül'le Emre arkamda kaldı. Sonra Ayşegül birden resmen çığlık atarak "Kızım sen ne olmuşsun böyle?" dedi. Korktum, panikledim. Ne olmuştum? "Bir ayda erimişsin! Ne kadar kilo vermişsin. Dön bakayım şöyle" dedi.

Kendi etrafımda bir tur döndüm. Emre de, o da 10 kilo falan verdiğimi söyledi. Hâlbuki öyle bir şey yoktu. Daha sadece 4 kilo vermiştim. Söyledim ama inandıramadım. Biz mekânın kapısında durup bunları konuştuk bir süre. Sonra Emre 'haydi, içeri girelim artık' dercesine bize bakarak birkaç adım attı da sohbete öyle ara verebildik.

İçeri girip masaya oturduğumuzda konuşmaya, kaldığımız yerden aynı hararetle devam ettik. Bu sefer Emre, diğer konuklarla ilgilendi. Biz de bir süre sonra, "Demek ki spor sıkılaştırıyor ve daha çok kilo vermişsin gibi gösteriyor" sonucuna vararak konuyu kapattık.

Ondan sonra bana bir rahatlama geldi herhalde ki, ben başladım sofrada ne var ne yok yiyip içmeye. Sigara böreğine insan gibi değil, insan görmemiş yabani bir yamyam gibi saldırdım resmen. Kana susamış bir vampir gibi kana kana içtim şarapları, bardak bardak. Pasta da o kadar güzeldi ki. Frambuaz ve beyaz kremayla yapmışlardı. Yemeye doyulacak gibi değildi. Nitekim 2 dilim yedim. Ve tabakta kalan kremaları da parmağımı süre süre sıyırayım diye aklımdan geçirdim. Neyse ki mekânın kalitesi buna müsait değildi.

"Aman, bir aylık sıkıntının ödülü oldu işte bu gece sana" dedi Ayşegül. Güya beni teselli etmeye çalıştı, o anda da güldük geçtik ama ertesi gün bendeki pişmanlık tarif edilemeyecek bir şekilde içimi kemirip durdu.

Hani o gece barda tanışıp adamın evine gidersin, sabaha kadar sevişip sonunda uyursunuz, sonra sen harika geçtiğini düşündüğün o gecenin sabahında, yüzünde hafif bir gülümsemeyle uyanırsın. Hafif bir baş ağrın vardır, ağzın kurumuştur. Soğuk su içmek için mutfağa yönelirsin. Buzdolabını açarsın, içeriden bozulmuş yiyecek kokuları gelir. Suyu zar zor alıp bardak ararsın. Lavabo ağzına kadar bulaşık doludur, bir tane temiz bardak bulamazsın. Arada gözüne bir kahve fincanı çarpar. "Yıkayayım bari" dersin, deterjan bulamazsın. Sürahiden suyu içmeye çalışırsın, için pek elvermez.

Banyoya gidip yüzümü yıkayayım, iyi gelir dersin, koridorda yürürken önünden geçtiğin odada çerçevelenmiş bir kız fotoğrafı görürsün. Banyoya girersin, yerler kıl tüy içindedir. Beyaz lavabo da öyle. Ve birkaç küçük yeşil sümük yapışmıştır o lavaboya, kıllarla birlikte. Kusmak istersin, kusamazsın çünkü kaldırılmış leş gibi klozet kapağını tutup indirebilecek kadar tahammülün kalmamıştır artık. Miden bulanmaya, baş ağrın artmaya başlar.

Sonra adam uyanır. Yaptığı esprilerden ve konuşma şeklinden zekâ seviyesinin oldukça düşük olduğunu ve sen gittikten sonra çok büyük ihtimalle barda yanında olan arkadaşlarını arayıp "Nasıl götürdüm hatunu" diyeceğini bilirsin. Midenin bulantısına, ruh bulantısı ve beyin bulantısı da eklenir; kendini oradan zor dışarı atarsın. Ve günlerce, belki haftalarca ve hatta aylar, yıllar sonra bile zaman zaman aklına gelir o sahneler, unutamazsın. İşte öyle bir pişmanlık. 'Keşke hiç yapmasaydım' pişmanlığı.

Zaten midem altüst olduğu için ertesi gün de hiç yememem gereken şeyler yedim. Asitli şeyler içtim. Karbonhidrat krizine girip öğlen makarna yedim. Yanına da bir güzel pirzola. Üstüne de ekmek kadayıfı. Akşama doğru falan ayıldım zaten ve pişmanlığım daha da büyüdü.

Ne olacak şimdi? Al bozuldu, diyet miyet kalmadı. Kesin o 4 kiloyu geri almışımdır. Hatta 14 kilo almışımdır bu yediklerimle. Spora da gitmedim bugün. Yarın da gidemem zaten karnım ağrıyor, regl oldum olacağım. 2-3 gün de öyle gidemem. Bir hafta uçtu yani. 3 haftada ben en fazla kaç kilo vereceğim ki?

Kafamın içinde kendimle sürekli olarak bu şekilde konuşup durdum. Saçımı başımı yolmak istedim. Ne vardı yani orada soda limon içseydim? O pastadan bir çatal yeseydim? Bu kadar iradesiz miyim ben? Dayanamadım mı? Hiç yemediğim şeylerdi sanki. Hayatım boyunca yedim ben onları. Ne vardı bir gece daha yemeseydim?

Tutunduğum dalla birlikte yere çakılmıştım. Hem de kafaüstü. Ve orada hiç kımıldamadan durmak istiyordum. Hatta kafamı devekuşu gibi toprağın altına sokmak istiyordum. Kendimi duymak istemiyordum.

Sadece tek bir şey moralimi düzeltebilirdi: Çikolata!

Üstüme ceketimi alıp hızlıca çıktım evden. Ve doğruca bakkala gittim. Gözüm hemen raflarda dolaşmaya başladı. Adama 'iyi akşamlar' bile demedim. Birkaç çikolata ve bir iki paket cips alıp kasaya doğru gittim.

Adam "Siz diyet mi yaptınız? Zayıflamışsınız" dedi. Ben kucaklamış olduğum çikolata ve cipsleri tekrar kollarımın arasında hissederek "Evet" dedim sadece.

Bir an önce parayı verip, oradan çıkıp gitmek istiyordum. Çünkü adam biraz patavatsızdı. "Bunlar ne peki? Ne oldu, bozdun mu diyeti?" diyebilirdi.

"Bozdun tabii, değil mi? Zaten senin yapacağın diyet de bu kadar olur işte. Herkes yapar, sen yapamazsın. Bir ay yaparsın, iki ay yaparsın; sonra böyle gelirsin, avuçlarsın bunları yine."

"Su aygırı mısınız hanımefendi?"

"Biliyorum ben. Seni senden daha iyi biliyorum. Buraya her girdiğinde gözlerinin nasıl parladığını biliyorum. Yeni bir gofret, bir bisküvi gelmişse hemen nasıl heyecanlandığını biliyorum. Sen bunlara âşıksın, Okan'a falan değil. Sen bunları Okan'la aldattın sadece."

"Ama şimdi ne oldu? Kürkçü dükkânına geri döndün bak. Ne olursa olsun, sen her zaman bunlara döneceksin. Çünkü bunlarda bulduğun mutluluğu sana hiç kimse veremeyecek. Kendini kandırma."

"Okanmış... Okan seni bir ay sonra daha da kilo almış olarak görecek. Hatta o konsere gitmeyeceksin bile, seni öyle görmesin diye. Haydi diyelim ben yanılıyorum, her şeye rağmen gidip onu görmek isteyeceksin. Ne giyeceksin ki? Üstüne hiçbir şey olmayacak. En iyisi bir çuval alırsın. Anca ona girersin çünkü."

Kilo: 91,8

Hoş değil. Hiç hoş değil. Bir geliyorsun, bir gidiyorsun. Kal diyene kalmıyor, git diyene çöküyorsun. Kilolar insan olsa, çok dayak yerlerdi.

Bölüm 21

Murat Bey pardon, mutluluğumla aramda duruyorsunuz

İşyerinde çok katı kurallar uygulamaya karar verdim. Bundan sonra, önümüzdeki 15 gün içinde, hiç kimse bu müesseseye tatlı matlı sokmayacak! Dışarıdan öyle kalorili yemekler istemek de yok. Herkes diyet yapacak benimle birlikte! Gerekirse kapıya bir tane güvenlik koyacağım, elindeki detektörle, içeri giren herkesin üstünü, başını, çantasını arayacak! Kaçak gofret bulursa, elektrik şoku verilecek! Hatta bu 15 gün sadece su içilecek!

Çünkü benim 15 günde tam tamına 22 kilo vermem gerekiyor ama ben henüz sadece 5 kilo verebildim. Çok kızgınım kendime, öyle böyle değil.

Ben neden böyleyim? Neden hemen motivasyonum düşüyor? Sanırım buna alışık olmadığım için. Yani ben yıllardır 'ye, otur felsefesi'ni benimsemişim. Vücudum, zihnim buna alışmış. Dönem dönem yaptığım sıkıcı diyetler zihnimde hep 'geçici bir süreç' hatta 'işkence' olarak yer etmiş.

Yani diyet yapmak benim zihnimde kötü bir durum. Bu

fikri değiştirebilirsem ancak o zaman gerçekte istediğim kiloya varabileceğimi düşünüyorum. Daha doğrusu bunu, bir gram fazlalığı olmayan antrenörüm düşünüyor. Ama bu kolay değil işte. Yıllardır alışkın olduğum yaşam şeklini değiştirip, ona uyup, bir de üstüne ondan zevk almaya başlamak gerçekten kolay değil. Ya da ben kolay olmadığına inanıyorum. Kafamın içinde onlarca şey dolanıp duruyor. Ama çözümün böyle kısa süreli, zorunlu diyetler olmadığının farkındayım. Bunlar sadece bir süre için işe yarıyor. Yaşadım gördüm işte, hem de kaç kez.

Sadece yeme şeklini değil, kafayı toptan değiştirmek gerek. Günde 5-10 kez kendi kendime "Sağlıklı besleniyorum ve çok mutluyum" falan tarzı şeyler söylemem lazım sanırım. Bu fikirler artık ne zaman kafama girerse, o zamana kadar böyle devamlı olarak, bıkmadan ve söylediğime inanmaya çalışarak tekrarlamalıyım.

- Murat Bey, benim size ne demem gerekiyor acaba? 2 hafta oldu, banyo setim hâlâ ortada yok. Bu konuda ne söyleyeceksiniz, merak ediyorum doğrusu.
- Kesinlikle haklısınız, size karşı o kadar mahcubuz ki. İstediğiniz üründen firmanın elinde kalmamış ne yazık ki. Onlardan haber bekliyoruz.
- Yani tüm ürünler var, bir tek benim istediğim ürün mü yok? Bu nasıl bir şans?
- Ürün bir kez size gelince kırık çıkmış, bir kez de kargodaki kontrolde. Seti bozmak istemedikleri için sadece o parçayı değiştirip göndermek istemiyorlar.
- Bakın, ilkinde alakasız bir ürün geldi zaten. İkincide fırça kırık çıktı. Üçüncüde ne olacak kim bilir diye endişelenmek istemiyorum ben.
- Doğru fakat biz üzerine kırılabileceği uyarısını eklemiştik.

- O zaman kargonun suçu mu? Onlar da sizi suçluyor. Herkes birbirini suçluyor Murat Bey. Ve sonuç olarak sadece konuşmalar var, benim elimde setim yok ama.
- Dilerseniz, ona benzeyen başka bir set gönderelim size?
- Hayır, ben o seti istiyorum. Onu beğendim ben. Ona kanım ısındı, onu canım istiyor, onu istiyorum ben Murat Bey.
- Tamam, o hâlde ben şimdi firmayı tekrar arıyorum.
- Arayın. On kere arayın, yüz kere arayın. Bakın Murat Bey, her gün işe gidip gelirken onlarca mağazanın önünden geçiyorum. İçeri girsem belki çok daha güzel setler göreceğim. Hatta belki hoşuma gidecek başka şeyler de alacağım onun yanında. Ve alıp evime götürmek sadece birkaç saat sürecek. Ama ben bunu istemiyorum. Ben o gün siparişini verdiğim, o seti istiyorum. Anlatabiliyor muyum?
- Anlıyorum efendim.
- Ben ne zaman ki o seti alırım, banyomu güzelce yerleştiririm, işte ben o gün gerçekten mutlu olabilirim ancak Murat Bey.
- Evet efendim.
- Benim mutluluğumun eksik parçası o set, anlıyor musunuz?
- Anlıyorum efendim.

Eminim anlıyorsunuzdur Murat Bey. Zaten herkes beni anlıyor ama bir türlü hiçbir şey yolunda gitmiyor. Madem hep beraber anlaşabiliyoruz o zaman neden böyle oluyor Murat Bey?

Bakın benim derdim zaten başımdan aşkın. 2 hafta içinde bir sürü kilo vermem gerekiyor. Karnımın gurultusundan sesinizi zor duyuyorum. Başım da ağrıyor bir yandan. Az mı su içtim bugün yine, ne yaptım?

Sizce ben tam kaç kilo veririm Murat Bey? Bana net bir şey söyler misiniz? Madem bu hayatta her şeyi anlıyorsunuz, o zaman Okan'ın beni neden terk ettiğini de anlıyorsunuzdur. Onu da anlatır mısınız bana?

Tüm sorunlarımı çözün Murat Bey. Sizde sihirli değnek var mı? Ürünleriniz arasında göremedim ama depoda falan varsa onu bir rica edebilir miyim ben lütfen? Bazı dileklerim olacak.

Öncelikle annem ve babamın çok uzun yıllar boyunca sağlıklı olarak yaşamasını diliyorum. Kardeşimin çok başarılı bir öğrenci ve büyüyüp çok mutlu bir insan olmasını diliyorum. Ayşegül'ün o hayalini kurup durduğu evi satın almasını diliyorum. Mine'nin evlenmesini diliyorum. Her ne kadar sakar olsa da sonuçta işyerimdeki en çalışkan kişi o. Ama evlendikten sonra da benimle birlikte çalışmaya devam etmesini diliyorum.

Tüm insanların birbirine sevgiyle yaklaşmasını diliyorum. Kimsenin hayvanlara zarar vermemesini diliyorum. Ülkemin modern bir Avrupa ülkesi olmasını diliyorum.

Ve son olarak, en önemlisi Okan'ın bana geri dönmesini ve hayatımız boyunca birlikte, huzurla yaşamamızı diliyorum.

Ha bir de kilo vereyim ve bir daha hiç almayayım istiyorum. Karnım böyle delicesine acıkmasın istiyorum. Murat Bey, ben galiba bu sihirli çubuğu çaya batırıp yiyeceğim izninizle.

- Peki sizden en kısa zamanda haber bekliyorum o hâlde Murat Bey.

- Emin olabilirsiniz. Hatta ben kendi ellerimle çok sağlam şekilde paket yapacağım. Gerekirse de kendim teslim edeceğim size. İyi günler efendim.

Daha çok hareket etmeliyim. Daha çok. Masada otururken bacaklarımı sallıyorum, müşterilerle daha çok ilgileniyorum, böylece daha fazla ayakta durmuş oluyorum. Yanıma topuksuz ayakkabı aldım. Kendime işyeri ve ev arasında daha çok yürüyüş alanları oluşturdum. Tüm motivasyonumla, yüksek moral ve kendime güvenle bu işi başaracağım.

Şimdiden ne giyeceğimi düşünmek istemiyorum çünkü ne kadar kilo vereceğimi bilmiyorum. Konsere bir iki gün kala gidip kendime güzel bir elbise alacağım. Cuma gününe denk geliyor. O gün işe gelmeyeceğim. Günümün yarısını kuaförde geçireceğim. Manikür, pedikür, gerekirse cilt bakımı ve makyaj yaptıracağım. Saçımı da şöyle güzel bir topuz yaptırırım. Eğer elbisemin yakası açık olursa ki gerdanım güzeldir, o yüzden büyük ihtimalle açık olacak, şöyle dağınık bir topuz da yaptırabilirim.

Çok heyecanlıyım ve bu heyecan beni aynı zamanda strese de sokuyor. Ve ben strese girince ya sürekli sigara içerim ya da sürekli bir şeyler yerim. Şu ağzım boş kalmaz yani bir türlü. Burada şimdi sakız da çiğneyemem cakkada cukkada. En iyisi su içmek, salata yemek. Zaten salata dediğin şey karnını doyurmaktan ziyade, yerken çeneyi yoran bir yemek. Salataya da yemek dedim ya ben, onu da yemekten saydım ya... Tamam, ben oluyorum. İstediğim kıvama geliyorum bence. Tıpkı kek hamuru gibi. Kulak memesi kıvamı!

Kilo: 91,3

91 benim için çok özel bir kilo. Yukarı çıkarken de, aşağı inerken de burada mola veriyorum. Diyet dünyasının Afyonkarahisar'ı gibi bir şey; her yolculukta orada mola verirsin ama bir kere bile "Eh madem geldim, artık hep burada durayım" diye yerleşmezsin.

Bölüm 22

Kız Mestan yine çıkmış göbeğin

Okan'dan ayrıldıktan sonra neredeyse hiç film izlemedim. O kadar özledim ki. Hem Okan'ı hem film izlemeyi hem de Okan'la film izlemeyi.

Yastığa kokusu sinmiş. Hep onu koklayıp duruyorum. Neyse ki o var elimde diyorum. Keşke o kokuyu sonsuza dek saklamanın bir yolu olsaydı. Ben böyle olacağını bilseydim, o bana sarıldıktan sonra asla yıkanmazdım. Gerekirse günlerce, aylarca. Onu tekrar gördüğüm ana kadar. Kokardım pislikten belki, işe gidip gelirken yolda sadaka verirlerdi bana, sokak köpekleri yoldaş belleyip peşime takılırlardı, çöplükten bulduğum ekmeği onlarla paylaşırdım, kafamda sinekler uçuşurdu belki.

Ayrıldıktan sonra insana bir daha asla film izlemeyecekmiş, müzik dinlemeyecekmiş, şiir okumayacakmış gibi geliyor. Hatta artık ondan sonra hiç güzel bir şey olmayacakmış gibi geliyor. Zaten olmasın da. Çünkü kime anlatacak ki insan? Kiminle gülecek?

Ama bu sabah bir ara aklımdan geçti. Ne zamandır izlemek istediğim filmleri alsam da akşamları izlesem, kafam dağılır dedim. Fakat sonra vazgeçtim. Çünkü şu anda oturarak yapılan her şeyden uzak durmam gerekiyor. Üstelik film izlerken insan mutlaka bir şeyler yiyip içmek istiyor. Yoksa filmin tadı çıkmıyor ki.

O yüzden bambaşka ve çok daha harika bir fikir buldum. Uzun süredir işyerinin kapısında dolanıp duran kedi sağolsun. Arada sırada bizim kızlar ona yemek artıklarını veriyorlardı. Ama bir haftadır işyerinde kalorisiz beslenmeye karar verdiğimiz için, bugün kendisini yan binadaki bankacılar besledi. İşte tam o anda kafama dank etti. Ben madem kedileri seviyorum ve hatta evimde kedi beslemeyi bile düşündüm, o hâlde neden sadece bir tane kediyi besleyeyim? Sokakta onlarca kedi yok mu? Bazıları yavru, bazıları büyük, bazıları temkinli, bazıları ayaklara dolanan onlarca kedi var sokaklarda. Eve giderken bir kilo kuru mama alsam dedim... Sonra akşam yemeğini yedikten sonra çıksam mahalleye, 3-5 sokak dolaşıp, azar azar koysam mamaları kenarlara köşelere. Hem bana yürüyüş olur hem de bu tatlı şeylerin karnını doyururum.

Bu fikir, sanki elektriği keşfetmişim gibi heyecan uyandırdı bende. Sanki sadece benim aklıma gelmiş bir fikir gibi gururlandırdı beni. Hem bir düşünecek olursak, kedilerle ortak pek çok noktam da var.

"Kısmetsiz kediyim sanki
Aşkım baksana bana aşkım
Aşkım ağlarım ama aşkım
Yat kalk hep beni düşün yat kalk hep beni
Postal aldım giymedin
Göbek yaptım görmedin

Sordum cevap vermedin ya ya
Fransız kaldın bana
Yabancı olduk sonra
Bir ihtimal sevmedin ya ya
Aşkım baksana bana
Aşkım..."

Onlar da bütün gün yemek yiyip miskin miskin yatmayı seviyorlar. Kendilerini okşayan bir el, onlar için dünyanın en güzel nimeti.

Bak şimdi, kedi ne kadar tombiş olursa o kadar seviliyor. Ama ben ne kadar şişko olursam o kadar dışlanıyorum. Kedi olmak varmış şu hayatta.

Demek ki kedilerin dünyasında bizimki gibi bir tabu yok. Onların arasında "Kız Mestan, yine çıkmış göbeğin. Şu kuru mamayı azalt azıcık. Sütü de diyet iç anacım, olmaz böyle. Bak evde kalırsın, mart da yaklaşıyor. Ben söyleyeyim de, sonra uyarmadı deme" gibi bir muhabbet dönmüyor demek ki.

Ben bir tane daha eşofman altı alayım en iyisi. Her gün spora gidip akşam da yürüyüşe çıkacaksam, tek eşofman yetmez. Eskiden cipsleri yedekliyordum, şimdi aynısını eşofmanlar için düşünüyorum.

Neyse ki kış aylarındayız. Zaten bu da güzel bir avantaj. Yazın olsa, kısa kollularla, şortlarla veya ince eşofmanlarla spor yapmam gerekecekti. Ki şöyle bir düşünüyorum da, ben yıllardır yazları yazlığa gidip denize girmek dışında hiçbir aktivitede bulunmuyorum. Sanırım bu yüzdendi.

Hatta herkes yaz geliyor diye sevinirken, benim içimi buruk bir hüzün sarardı. Her yaz "Bu yaz da şişkoyum, neyse seneye yazın bu bikininin 2-3 beden küçüğünü giyeceğim" diyip duruyordum. Tıpkı yılbaşlarında olduğu gibi. Her yıl "Bu sene benim senem olacak! Kilo vereceğim, her şey harika olacak!" diye yeni yıla girip, yılsonuna doğru "Neyse artık, seneye!" diyordum.

Artık o dönemler geride kaldı. Bundan sonra hayatımı değiştiriyorum. Zaten Okan da hayvanları seviyor, belki de birlikte çıkarız kedilere mama dağıtmaya. Ya da yok yok, o evde kalsın bir iki saat özleyelim birbirimizi. İkimiz de işten gelip birlikte akşam yemeği hazırlarız. Bol salata, yanına ızgara balık ya da tavuk. Hatta tavuğu organik alırız. Sonra çayımızı demleriz. Sonra da ben kilo vermiş olacağım için rahat rahat şortumu giyip kedileri beslemeye çıkarım. Hatta mini etek giyerim. Hatta madem o kadar kilo vermişim; bıkmışım yıllardır kalın kalın, uzun uzun, koyu renkli şeyler giymekten. Şurama gelmiş artık. Donla giderim anasını satayım!

Kilo: 90,6

Kilo alırken o kadar büyük görünen 90,6 şimdi kilo verirken çok sevimli görünüyor gözüme. Rakam aynı rakam. İnsan acayip bir canlı.

Bölüm 23

İki kelimeye sığan mutsuzluk: "Bedeni yok..."

Konsere 2 gün kaldı. İlk başladığım günden beri, toplamda sadece 5,5 kilo verdim. Bir yandan bu kadar az kilo verdiğim için moralim çok bozuk ama diğer yandan da iyi düşünmeye çalışıyorum. Yani şu anda Okan'ın beni en son gördüğünden 5,5 kilo daha inceyim. Bu da sonuçta iyi bir şey.

Evet, her şeye iyi tarafından bakmaya çalışıyorum artık. Yeni yaşam tarzımın içinde bu da var. Paket program gibi zaten. Sağlıklı yaşamın içinde bunların hepsinin olması gerekiyor. Spor salonundaki sevgili antrenörümün de dediği gibi "Spor yap ama su içme, olmaz. Su iç, spor yap ama abur cubur ye. Yine olmaz."

Sağlam vücut ile sağlam kafanın kesinlikle bir alakası olduğunu insan yaşadıkça anlıyor. İkisi de birbirini oldukça fazla etkiliyor. Ve konu ne olursa olsun, önce kafadaki kısmı halletmek gerekiyor. Vücut, kafaya ayak uyduruyor. Durum ve şartlar ne olursa olsun, itaat ediyor.

- Pardon, bakar mısınız?
- Buyrun?

- Bu elbisenin şöyle koyu pembesi veya nar rengi falan var mı? Mürdüm de olur.
- Koyu bordosu olması lazım. Bir dakika bakayım.
- Tamam, bekliyorum. Teşekkürler.

Tam olarak ne renk giymek istediğime de karar vermiş değilim aslında. Siyah giymeyeceğimi biliyorum ama açık renk de olmasın istiyorum. Kilo verdiğim iyice belli olsun. O 5,5 kilo, şöyle bir 6-7 kilo gibi gözüksün. Aslında şu anda da öyle gözüküyor. Yani spor sayesinde. Sıkılaştım çünkü.

Kırmızı tonları gayet uygun. Hem etkileyici bir renk hem de esmer olduğum için yakışır diye düşünüyorum. Bu elbisenin modeli de güzel. Biraz şık, biraz değil gibi. Zaten çok aşırı şık olmasını istemiyorum. O gece oradaki en güzel ve en şık kadın Nazan Öncel olmalı.

Ben düğünlere bile çok şık gitmem. Mesela o günlerde asla beyaz giymem. Büyümüş de küçülmüş gibi duran çocuklara yaptıkları gibi abartılı makyaj ve abartılı saç da istemem.

- Evet, bordosu varmış. Fakat bedeni yok.
- Yine mi?
- Efendim?

Hanımefendi, ben aylarca uğraştım. Yemedim, içmedim. Geceleri öyle acıktım ki, içimde sanki midemi mıncıklayıp duran bir canavarla uyumaya çalıştım. Tamı tamına 5,5 kilo verdim ben. Bu ne demek siz farkında mısınız?

Tartıya gülümsemek ne demek biliyor musunuz siz?

Bir kilo vermiş olduğumu görmek bile benim için ne kadar büyük mutluluk düşünebiliyor musunuz? 100 kiloyken 99 olmak insanın nasıl tüm moralini düzeltir siz bunu tahmin edebilir misiniz?

Edemezsiniz çünkü sizin için o hâlâ 100 kilo bir şişkodur. Ama değil işte! 100 değil, 99! Tıpkı 700 tl'den 600 tl'ye düşmüş bir ayakkabı gibi. Sizin için hâlâ çok pahalı!

Hem Okan beni gördüğü zaman yine tatlı tatlı gülümseyip "Ne kadar kilo vermişsin" diyecek. Ama siz bana "Bedeni yok" diyorsunuz. Hayatımın yarısından fazlasında duymuş olduğum şeyi, benim bu kadar çabamdan sonra bana tekrar söylüyorsunuz. Boşuna mı uğraştım ben yani? Benim ne zaman bedenim olacak? Yemeyi tamamen keseyim ben o zaman isterseniz? Su da içmeyeyim. Sırf nefes alayım. Ah şimdi bir bira olsa ne içerdim. Vallahi canımı çok sıktınız hanımefendi. Ben şimdi size ne diyeyim? En iyisi tam bir umutsuz, çaresiz, perişan halkım insanı gibi cevap vereyim.

- Hiç mi yok?
- Maalesef hanımefendi. Fakat bir üst sokakta bir mağaza var. Orada mutlaka bulursunuz. İsterseniz oraya bakın.
- Tamam, öyle yapayım. Tam olarak nerede acaba?
- Buradan çıkın, sağa dönün. 100 metre sonra tekrar sağa bir yol ayrımı var. O sokaktan girin, dondurmacının hemen yanında.

Zaten pilatesçinin hemen yanında olsaydı şaşardım. Gerçi ben bu açıklıkla pilatesi de patates olarak görürdüm. Pilates zaten pilavla patatesin karışımı gibi bir isim. Kilo vermeye falan pek uygun değil bence, bilmiyorum. Siz bu konu hakkında ne düşünüyorsunuz pek sevgili 34 beden ve muhtemelen pantolonunun cebinde buruşmuş bir mendil parçası saklayan grip tezgâhtarcığım? Geçmiş olsun bu arada.

- Anlatabildim değil mi? Hemen sağda.

Anlatabildin ve ben de anlayabildim. Şişmanın ama gerizekâlı değilim, emin ol. Hatta senden çok daha zekiyimdir bence. Çünkü senden çok daha fazla düşünmek zorunda kaldığım şeyler var bu hayatta.

- Evet, anladım. Teşekkürler. İyi günler.

Neyse ki bir üst sokağa yürümek artık eskisi kadar zor gelmiyor. Eskiden iki adımlık yol bile külfetti benim için. Hem iyi tarafından bakma fikrime ne oldu?

İstanbul'un en güzel semtlerinden birindeyim. En güzel mağazalar burada. Sokakta çeşit çeşit insan var. Haftaiçi olduğu için kalabalık da değil. İnsanlar yürürken birbirine değmiyor. Tüm caddeye yayılmış anlamsız bir gürültü de yok. Fakat elimi olabildiğince çabuk tutmalıyım. Daha elbiseyi alıp Ayşegül'e gideceğim. Ona göstereceğim ve saçıma, makyajıma karar vereceğiz.

Keşke onun da ayakları benimki gibi büyük olsaydı. Ya da benimkiler onunki kadar küçük. Böylece ayakkabı değiş tokuşu yapardık. Arkadaşlıkta eşya değiştirmek önemli bir etkinlik neticede. Bence onun ayakları küçük, benimkiler büyük değil. Of, düşündükçe içime sıkıntılar basıyor. 38 beden giyen insanlar var ya. Benim ayağım o kadar!

Kilo: 88,9

Ya ideal ölçü 90 60 90 değil mi? Tamam kilo 90, boya da 60 de, göğüs de 90 işte!

Bölüm 24

Ya gelmezse?

Onlarca, yüzlerce gece yattığım bu yatak, hiç bu geceki kadar küçük gelmemişti. Çift kişilik, gayet sert, yeni ve sağlam olmasına rağmen, çarşafını daha dün değiştirmiş olmama ve misler gibi lavanta kokuyor olmasına rağmen, çıplak ayaklarımı yaz kış soğuk yorganın üstüne atıp çocuksu bir neşe hissetmeyi hiç unutmamış olmama rağmen yine de bu gece bu yatak hiç bana ait değil gibi.

Zihnimde canlandırdıklarım, hemen gözlerimde naklen yayınlanıyor. Ve filmi hızlı şekilde ileri alıyormuşum gibi, sahneler sürekli olarak değişiyor. Ve fakat aynı sahne hep başka bir versiyonuyla geliyor.

Heyecandan uyuyamıyorum. Yarın akşam Okan'ı göreceğim. Aylardır içimde saklanıp büyüyen bu koca özlem sonunda dinecek. Vakti de gelmişti artık. Hatta yastıktaki koku da iyice uçup gitmişti çoktan. Burnuma sıkıca bastırıyorum, böbreklerime kadar derin bir nefes çekiyorum, tık yok...

Şimdi fark ediyorum ki, ben onsuz bir gün daha yaşayamazmışım zaten. Çölde su bulmak için aylarca yürüyen, sürünen biri gibi hissediyorum şimdi kendimi. Ve ben bazen sadece bir damlacık suya bile razı olmayı kabul edecek günler yaşadım orada. Oysa yarın akşam sonsuz bir şelalenin altında duracağım. Sadece durup başımdan aşağı, tüm asaleti ve gücüyle akmasına izin vereceğim. Çünkü beni aylarca hayatta tutan tek serap buydu. Ama bundan önce elbette birkaç laf da edeceğim. Mesela ona mutlaka kızacağım.

"Bana tek kelime bile etmeden nasıl çekip gidersin? Beni nasıl özlemezsin? Yaşadıklarımız hiç mi aklına gelmedi? Hiç mi, 'Bu kız orada şimdi ne yer ne içer, yemek de yapamaz bu beceriksiz, aç kalır, sonra kendini pideye vurur, 1600 kilo olur. Ondan sonra evden vinçle çıkarırlar işe gidip gelirken' falan demedin?" diyeceğim. En çok gözlerimi severdi. Hiç mi o güzel gözlerinin önüne gelmedi gözlerim, diyeceğim. Hiç mi bakmak istemedin yine yakından?

Diyelim ki oraya gittim. Üstümde yeni aldığım uzun mürdüm rengi elbisem. Arka tarafı hafifçe belime oturuyor, ön tarafı dökümlü. Böylece karnım göbeğim pek belli olmuyor. Kolsuz bir elbise, yakası açık. Üstümde çok şık, siyah bir bolero. Elimde küçük, aynı renk, bir kısmı fazla parlak olmayan taşlarla süslenmiş çantam. Taksiden inmek üzere bir ayağımı uzatıyorum. Ayaklarımın şişliği gitmiş olduğu için elbisemle aynı renk olan, ince topuklu ayakkabılar da pek güzel gözüküyor.

Kapıyı kapatıp birkaç merdiven çıkıyorum. Belki de orada merdiven yoktur. Bilmiyorum. Düşünürken varmış gibi geliyor. Tam Cinderella masalındaki gibi. Sonra içeri giriyorum. İçerisi hafif sisli, tertemiz bir havası var. Benim buram buram amber kokan tatlı parfümüm bu havayla uyum sağlıyor.

Nazan Öncel henüz sahnede değil. Geniş bir mekân. Sahne tam karşımda duruyor. Sağ ve sol tarafta barlar var. İnsanlar oraları hemen doldurmuşlar. Hiç boş sandalye yok. Ve hatta bazıları sandalyede oturan arkadaşlarının yanında ayakta duruyor. Ortada ve tam sahnenin önünde, eline içkini alıp ayakta salınmalık bir alan var. Orası da kalabalık. Ama hıncahınç bir kalabalık değil. İnsanlar sakin. Sonuçta bu Guns N' Roses konseri değil ya canım.

Gözlerim Okan'ı arıyor. Ortamda biraz kırmızı, biraz yeşil ve biraz da mavi ışık karışımı genel bir loşluk hâkim. O yüzden ilk bakışta görmem biraz zor oluyor. Ben olduğum yerde durup etrafa bakınmaya devam ederken, birden hafifçe omzum dürtülüyor. Başımı bir çeviriyorum ki karşımda Okan!

O anda oradaki herkes sanki yok olup gidiyor. Mum gibi eriyiveriyor. Sadece Okan'la ikimiz kalıyoruz. Bana hafifçe gülümsüyor. Tanrım, bu gülümsemeyi ne kadar özlemişim. İçime mutluluk doluyor. Sonra bana sıkıca sarılıyor.

Yok, hayır sarılmasın. Çünkü saçım bozulabilir ya da gözlerim dolabilir, rimelim akabilir. Gerçi sarılması kilo verdiğimi anlaması açısından iyi olabilir ama tam emin olamadım şimdi. En iyisi elimi tutup öpsün. Yok ya, o ne öyle. Olmadı bir de başına koysun bari, sonra bayramlaşalım, bana harçlığımı versin, üstüne de birer likör shot'la leblebi kavurma yeriz, oradan da evlere dağılırız...

Bu sahneyi geri alıyorum. Omzumu dürttü, döndüm, gülümsedi. Sonra beni belimden tutuyor ve kulağıma "Ne kadar güzel olmuşsun" diyor. Evet. Sonra da "Kilo mu verdin sen?" diyor.

Yok ya, böyle de demesin. İlla kilo verince mi güzel olunuyor? Tamam verdim, onu inkâr etmiyorum ve zaten farketsin de ama yani o kadar bakım yaptırdım bütün gün kendime. Ne bileyim, gittim elbise aldım sırf bu geceye özel. Hem zaten her şeyi boşver yanımda Okan var. O mutluluk bile beni güzelleştirir. Bence kilodan hiç bahsedilmesin.

Ne cevap versem ben şimdi bu çocuğa? Şu anda kızsam olmaz. O kızma işini daha sonraya saklamalıyım. "Teşekkürler, sen de çok yakışıklısın" mı desem? Biraz klişe oldu ama hadi deyivereyim, kendimi mi kıracağım? Kendimi kıracağıma, 2 yumurta kırar menemen yaparım. Öyle değil mi? Hiç değilse karnım doyar biraz.

Neyse, sonra elimden tutuyor ve beni ön tarafta, barların sahneye yakın olan kısmına götürüyor. Orada meğer bir iki tane masa varmış. Oturarak, rahat rahat izleyelim diye oradan bilet almış. Düşünceli aşkım benim!

Hayalimde bile hemen popomu koyacak bir yer buldum ya helal olsun bana, ne diyeyim... Utanmasam elimde portatif tabureyle gezeceğim zaten. Yok, benden adam olmaz.

Vazgeçtim, oturmuyoruz. Ön tarafa doğru gidiyoruz. Orada ayakta durup izleyeceğiz. Zaten ortam kalabalıklaşmaya başladı. Okan, "Ne içersin?" diye soruyor. "Votka limon" deyip geçiyorum bu kısmı. Çünkü neler yiyip içmek istediğimin detayına girersem, bu hayal bitmez.

Okan içkileri almaya gidiyor. Benim yüzümde salak bir gülümseme. O kadar mutluyum ki. Hem âşık olduğum adam yanımda hem de birazdan canımın içi Nazan Öncel sahnede olacak. Bundan daha güzel bir gece olmadı hayatımda.

Okan yanıma geliyor. İçkimi uzatıyor, o da kendine öyle bir içki almış işte. Kadeh tokuşturuyoruz. Gülümsüyoruz birbirimize. "Seni çok üzdüm, özür dilerim" diyor. "Evet ama artık geçti" diyorum. Aslında içim çok dolu da burası yeri değil, ben sana sonra evde soracağım Okancığım. "Artık hiç üzmeyeceğim ama" diyor. Canım benim, o kadar tatlı ki. İncecik parmaklarıyla tuttuğu kadeh gibiyim onun yanında. Sıksa kırılacağım. Üstelik de buna razıyım.

Nazan Öncel sahneye çıkıyor. Tüm güzelliğiyle, tüm alımıyla, tüm asilliğiyle o muhteşem şarkılarını söylemeye başlıyor. Aramızda sadece birkaç kişi var. Bazen bize bakıyor. "Bak biz birlikteyiz. Yan yanayız. Sonunda el eleyiz." diyorum ben de ona bakışlarımla. Ve bırak seveyim seni diyorum, Nazan Öncel'in mısralarıyla.

"Her şey çok kolay oldu
Ne sızlandım ne de ağladım
Ani bir ölüm ya da bir kalp krizi gibi kolay
Bütün şehir üstüme gelecek
Dünyam yıkılacak sanırdım ama olmadı bitti işte
Bir süre gelen gidenler oldu
Beni anlamaya çalıştılar bir işe yaramadı
Sıkıcı ve kasvetliydim
Bazen bütün gün yorganı başımdan aşağı çektim, uyudum
Bazen de ucuz filmler seyrettim
Günler böyle geçip gitti

Şimdi iyiyim
Sen utanç gecelerinde ben burada
Hepsi bu kadar sonrası yok
Unuttum gitti geberik, unuttum gitti, unuttum gitti
Ben akşamları sevmem, akşamlar sorun yaratır
Ben konuşmayı da sevmem, gidişler hep o gidiştir
Senin geçtiğin yollardan yalnızlık çıkar gelir
Ve böyle akşamlarda içim biraz daha erir
Ben seni sevmedim, ben seni sevmedim
Ben yalan söyledim, çok sevdim
Bırak seveyim rahat edeyim."

Bir kadeh daha içiyoruz, dans ediyoruz, bazen bağırarak şarkılara eşlik ediyoruz, bazen sarılıyoruz ve bazen daha çok sarılıyoruz. "Seni çok seviyorum" diyoruz birbirimize. Sanki araya hiç ayrılık girmemiş gibi. Sanki o gece gittikten birkaç saat sonra geri gelmiş ve "Aşkım sana çiçek ve DVD aldım" demiş. Sonra ertesi gece de buraya konsere gelmişiz gibi.

Nazan Öncel bizi tekrar birleştirecek. Tıpkı tanıştığımız gün gibi yolumuz yine kesişecek ve bu sefer bir daha hiç ayrılmayacak. Bu sefer çok daha özen göstereceğiz birbirimize. Öyle eskisi gibi sudan sebeplerle kavga çıkarmayacağız. Ben zaten artık her şeyi pozitif düşünmeye çalışıyorum. Öyle ara sıra olumsuz, umutsuz konuşup çocuğun canını da sıkmayacağım bir daha. İş bulması konusunda da ona destek olacağım. Dırdır etmeyeceğim. Hem belki iş bulmuştur da. Yani umarım bulmuştur.

İlişkimizin sağlığı açısından istiyorum bunu. "Günün 24 saati yan yana olmak, birlikte yaşanan hayat dışında bireyin kendine ait bir dünyasının olmaması ilişki açısından sağlıklı değil" diye en az 5 uzman açıklamasına denk gelmişimdir. Ama iş bulmuş bile olsa, yine de bu cumartesi pazar evden hiç çıkmayız. Tam 2 gün hasret gideririz. Öpüşür koklaşırız, filmler izleriz. Güzel bir şarap alırız. Birlikte yine yemekler hazırlarız. Sabah popomu kaldırıp ekmek almaya ben giderim ilk kez. Şaşırtırım onu.

Ben en iyisi yarından alayım şarabı. Kuaförün yanındaki marketten alırım. Saçlarıma da dağınık topuz yaptırırım. Uzun, taşlı küpelerimi takarım. Hafif ama etkileyici bir makyaj da yaptırdım mı, gayet hoş olurum bence. Hem spor sayesinde duruşum falan da dikleşti. Eskiden zombi gibi kambur dolaşıyordum hep. Elbise üstümde iyi duracak.

Bu kadar zamandır ot yiyip durmuşum, artık konserden sonra bir işkembeciye gideriz. Şöyle bol sarımsaklı bir işkembe çorbası içeriz Okancığımla. Üstüne de birer porsiyon çiğköfte almaz mıyız?

Peki ya Okan gelmezse?

Ben bu ihtimali asla düşünmüyorum ama Ayşegül habire "Gelmez, gelmeyecek" deyip durduğu için beynimin içinde ufacık da olsa yer ettirmiş sağolsun. Yani öyle bir şey olamaz ki? Gelmeme gibi bir ihtimal yok. Sıfır. Hatta sıfırdan daha az bir şey varsa, o kadar.

Bir kere biletleri aldığında ne kadar heyecanlıydı, çok net hatırlıyorum. Onu sahnede en son çocukken, babasıyla izlemiş. Konserden sonra imza istemeye gitmişler. Nazan Öncel, babasının elini heyecanla çekiştiren o küçük çocuğa, güzel bir imzalı fotoğrafını vermiş. Okan babasına fotoğrafın arkasında ne yazdığını sormuş. Babası da ona numaradan "Babasını hiç üzmeyen bu yakışıklı beyefendiye sevgilerimle" yazdı demiş.

Bu, birlikte yaptıkları en son şey olmuş. Çünkü babası birkaç yıl sonra vefat etmiş. Bu yüzden Nazan Öncel'in yeri onda çok farklı. O fotoğrafı, babasının elleri gibi saklıyordu. İnce bir kitabın arasında dururdu hep.

Bazen Okan durup dururken dışarı çıkmak için bahane yaratırdı. O günlerden birinde, o kitabın yerinde olmadığını farketmiştim. Muhtemelen yalnız başına bir köşede oturup, Nazan Öncel'in o telaşta sadece "Sevgilerimle" yazdığı ve babasının sonradan, hasta olduğunu ve az ömrü kaldığını öğrendikten sonra "Babasını üzmeyen bu yakışıklı beyefendiye" diye eklediği o fotoğrafa bakıp birkaç kadeh bir şey içiyor, üzülüyor, biraz rahatlıyordu.

"Üzemedim bile, sevindiremedim bile. Hiçbir şey yapamadım, yaşayamadım bile" demişti bir kez bana. Bence babasının istediği gibi bir beyefendi olmuştu o. Ama hayatın içinde, onun bir türlü peşini bırakmayan aksilikler yüzünden kendisi hiç de öyle hissetmiyordu. Çok nadiren bunlardan bahseder, hem kendini üzer hem de hep herkesi üzüp durduğundan yakınırdı.

Canım benim. Şimdi bunları düşününce, ona yine sımsıkı sarılmak istedim.

O konsere gelecek, biliyorum. Ben onu, Ayşegül'den çok daha iyi tanıyorum. Onun tanıdığı Okan'ın büyük kısmı, benim ona anlattıklarımdan ibaret. Oysa ben her şeyini birebir biliyorum. Gelmezse anlarım ki bu şehirden gitmiştir. Ve benimle olan her şey sonsuza dek bitmiştir.

Kilo: 88,4

Sevgili tartı... Şunu aklının bir köşesine yaz: Kadın dediğin biraz ağır olur!

Bölüm 25

Yapmayalım Nurten Abla!

Bütün gece düşünmekten uyuyamadım. Dolayısıyla da planladığımdan 2 saat daha geç kalktım. Böyle bir yerlere geç kalınca, buna alışık olmama rağmen yine de çok strese giriyorum. Yapacak onlarca işim varken, hangi birinden başlayacağımı bilemiyorum. Oysa vaktinde uyanmış olsaydım, hepsi sırasıyla tıkır tıkır bitecekti.

Cilt ve saç bakımımı evde yapmaya karar verdim. Kendi kendime uydurduğum doğal maskeler var. Sırf ben işe yaradığını düşündüğüm için işe yarıyorlar muhtemelen.

Karnımı doyurup elbiseyi giydim ve öyle bir fotoğrafımı çektim. Kuaföre göstermek için.

- Tepeden topuz yapıp yanlardan, önlerden falan biraz saç bırakacaksın işte Nurten Abla.
- Buralara krepe yapalım daha şık olur. Kuaför gibi sıkça gidilen yerlerde, ilgili kişiyle arkadaş gibi olunca o işin suyu çıkıyor. Hiç 'abla, ağabey' kıvamına girmeyeceksin aslında. Hep 'bey, hanım' diyeceksin. Yoksa ipi onların eline bırakmış oluyorsun. Kendilerini, senin üzerinde hak

sahibi görüyor ve senin değil, canlarının istediklerini yapıyorlar.
- Daha şık olmasını istemiyorum ki ben. Sade olsun ama güzel dursun istiyorum.
- Tamam şekerim. Öyle abartı olmayacak.
- Olacak gibi geliyor bana ama?
- Hayatım, sen kendini bana bırak. Ben elbiseyi gördüm. O elbiseye yakışacak bir saç yapacağım ben sana.
- Nurten Ablacığım, elbise şık zaten. Üstüne saçım, makyajım da çok şık olursa hepten assolist gibi olmayayım?
- Olmayacaksın güzelim. Sen bir kahve iç. Nasıldı seninki, orta mı?
- Sade.
- Bak bak... Demek böyle verdin kiloları kız! Zaten üç beyazı kestin mi, tamam. İstemesen bile kilo verirsin ayol.

Ah ne kadar klişe laflar bunlar Nurten Ablacığım. Konuşacak bir şey bulamayınca "Havalar da iyice soğudu" demek gibi. Şunu yap, bunu yap demek ne kadar kolay değil mi? Sen işin en kolay kısmını yapıyorsun ve bunu söylüyorsun. Sen, üstüne düşmeyen vazifeyi gayet büyük başarıyla tamamlıyorsun. Sonra beceriksiz olan, işin zor kısmını yapamayan oluyor. Kim bilir, sana da kimler neleri yap diyor?

Ama şu anda bunları düşünerek zaman harcamak ve moralimi bozmak istemiyorum, inan. Çünkü bugün benim hayatımın en önemli günlerinden biri. Ve verdiğim kilolar da hiç umrumda değil. Şu anda benim için önemli olan tek şey, saçımın istediğim gibi olması. Onu da umarım yapmanı istediğim gibi yaparsın.

- Spor da yaptım, sadece yememekle olmuyor.
- A a sen Hande'yi biliyor muydun? Geçen sene buraya

çok sık gelirdi. Kız oryantal kursuna bir yazıldı. 20 kilo mu ne verdi. Tanıyamadık ayol.
- Nurten Abla, sola doğru ayırır mısın şu ön kısmı?

Kilo: 88,2

Acaba bir nefesim kaç gramdır? Tamamını versem ne kadar çıkarım tartıda? 21 gram da ruh düş oradan...

Bölüm 26

Geldi

Eve nasıl aceleyle girdiysem, çantamı ayakkabılığa atayım derken tepetaklak oldu. İçindeki her şey yere saçıldı. Bozuk paralar, birkaç siyah tel toka, mendil paketi, kuru üzümler ve Okan'ın bana almış olduğu tek hediye olan gümüş yüzük! Çantamın içine belki en az bir milyar kere baktığımı çok iyi hatırlıyordum o yüzüğü bulmak için. Kaç kez içindeki her şeyi boşaltmıştım. Ama o, o anda birdenbire ortaya çıkıverdi işte. Alıp hemen parmağıma geçirdim! Biraz bol geldi. Buna sevindim.

Önce saçımın krepesini azalttım. Bunu yaparken topuzumu da bozdum. Sonra tekrar düzeltmeye uğraştım. Saçım sonunda istediğim gibi güzel oldu ama bu bana yarım saat kaybettirdi. Hemen, bir gün önceden pişirdiğim tavuklu sebzeli yağsız tuzsuz şeyden yedim. Yanına da biraz bulgur pilavı. Karnımı doyurdum işte bir şekilde. Hâlâ kendi pişirdiğim şeylerden pek zevk almıyorum. Sonra elbisemi giydim. Telefonumu, anahtarımı falan, yanıma alacağım küçük çantaya transfer ettim. Parfümümü de sıkındım. Rötarlı da olsa geceye hazırdım.

Ben çıktığımda taksi henüz gelmemişti. Çünkü aradığımda "Şu an aracım yok abla. Ama ilk geleni göndereyim" demişti adam. Bir 10-20 dakika falan da orada öyle bekledim. Hatta tamı tamına 17 dakika. Çünkü o arada Ayşegül'ü aradım. Kapattığımda 17 dakika konuşmuş olduğumuzu gördüm.

Sonunda taksi geldi ve yola çıktık. Yağmur yağdığı için otomatik olarak trafik vardı tabii ki. Nasıl ki şemsiye satanlar, ilk yağmur damlasıyla birlikte sokaklara düşüyor; aynı şekilde birileri de bir anda trafik yapma kararı veriyordu bence.

- O yağan ne öyle ya?
- Aha, yağmur olmasın bu?
- Vallaha yağmur!
- Koş koş, Nedim'e haber ver. Ben şimdi Orhan'ı arıyorum. Bulvarın oraya gelsinler. Sağanak bastırmadan trafik yapalım orada.
- Tamam, hemen gidiyorum abi. Tüh ya. Nereden çıktı bu yağmur şimdi? Akşam dayıoğlunun sünneti vardı.

Ağır ağır ilerliyorduk. Evden oraya gidene kadar, o yol bitmek bilmedi. Heyecanla atmakta olan kalbimin sesi kesin dışarıdan da duyuluyordu.

- Pardon, sigara içebiliyor muyuz?
- Tabii, içebilirsiniz.

"Teşekkürler. Su da içebiliyoruz herhalde." diye de ekleyip aptal gibi gülümsedim. Heyecandan ne konuştuğumu, ne yaptığımı bilmiyordum ki. Adam nezaketen gülümser gibi oldu o lafımın üstüne ama belki de sadece bana öyle geldi. Çantamdan minik şişemi çıkarıp bir iki damla su içtim, sonra sigaramı yaktım.

Dışarıya bakıyordum. Onlarca insan bir yerlere gidiyordu ve bir yerlerden dönüyordu ama hiçbiri benim kadar mutlu gözükmüyordu. Herkesin yüzünde derin bir mutsuzluk vardı sanki. Biraz da yorgunluk. Ama günün yorgunluğu gibi bir yorgunluk değil; hayatın yorgunluğu gibi, mimik çizgisi gibi. Artık mutsuzluk oturmuş insanların yüzüne. Yer etmiş orada kendine.

Pencereyi açıp bağırmak istedim. "Hey! Mutlu olun biraz. Bakın ben Okan'a gidiyorum! Bu harika bir haber değil mi!?" Hayatında ilk kez uçurtma uçurmuş bir çocuk gibi heyecanla, şaşkınlıkla, mutlulukla bağırmak istiyordum onlara. "Uçuyor! Bakın, uçuyor!" Ben de uçuyordum mutluluktan. Hem o çocuktum hem de uçurtmaydım ben o anda.

Sonunda geldik. Parayı uzattım. Çantamı elime aldım ve tıpkı hayalimdeki gibi önce bir ayağımı dışarı çıkardım. Ardından da kendimi. Ama girişte merdiven yoktu ve üstümde montum vardı. Yürürken bacaklarım titriyordu. Dengemi bulmakta zorlanıyordum. İnsanlar bana bakıyordu. Yakışıklı yakışıklı adamlar da. Bu duyguyu en son lisedeyken yaşamıştım. Şimdi yine birileri bana beğeniyle bakıyordu. Gözlerimin içi parlıyordu. Eminim etrafa fener gibi ışık saçıyordum.

Kapıdaki adamlardan birine biletimi gösterdim ve içeri girdim. Girişte uzun, geniş, karanlık bir koridor vardı. Sağ tarafta hemen vestiyer bulunuyordu. Montumu oraya bıraktım. Koridorun sonunda aşağı doğru inen şık, kadife kaplı ve fazla yüksek olmayan geniş merdivenler vardı. Zaten karanlıkta zor gören bir insanım, kafayı öne eğip, tek tek merdivenlere baka baka indim. Bir elimle çantamı ve merdivenin korkuluğunu tutuyordum, diğer elimle de üstüne basıp orada kafamı gözümü kırmayayım diye eteğimi hafifçe yukarı kaldırıyordum.

Biraz önce bangır bangır ve boğuk bir ses olarak duyulmakta olan müzik, adım attıkça daha da netleşiyordu. Enstrümanlar, Nazan Öncel'in muhteşem sesine eşlik ediyorlardı. Kalan son merdivenler de bitsin istiyordum artık. Durup başımı kaldırdım, etrafa baktım. Yüksek masalar kendi hizalarında yüksek taburelerle çevrilmişti. İnsanlar şıktı, sakindi. Zevkle eşlik ediyorlardı şarkıya.

> *"Erkekler de yanar*
> *Hem de nasıl yanar*
> *Yanmak çözüm değil*
> *Bizi nikâh paklar."*

Düşündüğümden çok daha büyük bir mekândı. Merdivenleri bitirdim, gözüm barı aradı ilk önce. Hemen bir içki içmem gerekiyordu. Sakinleşmeliydim. Hayalimdeki gibi Okan yanıma gelse, oracığa şıp diye düşüp bayılıverirdim o an.

Bar biraz arka taraftaydı. Oraya yöneldim ve hemen bir mojito ile bir tekila istedim. Tekilayı içip, elimde mojitoyla bir süre barın orada durdum. Yavaş yavaş etrafı taramaya başladım. Yüzünü görebildiklerim arasında yoktu. Bir de sırtı dönük olanları incelemeye başladım. Bir insanı arkasından tanıyabilecek kadar iyi bilmekti belki de sevmek. Arkasını dönüp gittiğinde bile sevmekti.

Göremiyordum. Şarkı bitti, yeni şarkı başladı. Bu şarkı daha yavaş. Biraz önce insanlar daha hareketliydi. Şimdi daha net görebilecektim. Tekrar en başa dönüp, bu sefer daha ağırdan ve daha dikkatlice taramaya başladım herkesi.

Elimdeki içki bardağını dudağımdan neredeyse hiç ayırmıyordum. Film izler gibiydim. Bir de çerez tabağım olsa tam olurdu. Hatta harika olurdu. Ama almadım. Beni yine bir şeyler tıkınırken görmesini istemiyordum.

Bu arada incelediğim kızlardan daha şişmandım hâlâ. Ne kadar spor yapmış olursam olayım, ne kadar kilo vermiş olursam olayım. Diyeti bozmasaydım, hatta 20 kilo verseydim bile ben yine bu kızlar gibi olamazdım bence. İncecikler. Elbiseler üstlerinde o kadar güzel duruyor ki! Çoğunun yanında sevgilileri var. Ne kadar mutlular, ne kadar güzel.

Ayşegül haklı olabilir mi? Hemen hemen herkese baktım ama Okan'ı göremiyorum. Acaba gerçekten gelmemiş olabilir mi?

Bir içki daha alıp sahneye doğru gitmeye karar verdim. Çünkü orada ayakta duran ve benim göremediğim pek çok insan daha vardı.

Ağır adımlarla ilerlemeye başladım. Gözlerim bu sefer Nazan Öncel'deydi. Gittikçe ona yaklaşıyordum. Sağ yakasında kocaman renkli düğmeler olan yeşil bir elbise giymişti. Etek, aşağı doğru çok hafifçe genişleyerek dizinde bitiyordu.

Biraz kilo almıştı ama insan bunu ancak farketmek isterse ederdi. Çünkü o kadar güzeldi ki. Başında yan duran tüllü, yarım şapkası kızıl dalgalı saçlarına oturmuş minik bir tekne gibiydi. İnsanın içinden onu öpmek, ona sarılmak geliyordu. Canım benim. Çocukluğum, gençliğim benim. O eski, asi sokak kızı hiç büyümemişti bence. Onlarca muhteşem şarkıyı yazdığı o güzel elleriyle tutuyordu mikrofonu ve "Gitme, kal bu şehirde. Gitme, yazık olur bize" diyordu.

Adımlarımın farkında değildim artık. Sanki ben duruyordum ve yer ayaklarımın altından ona doğru kayıyor, beni ona götürüyordu. Oldukça yaklaştım. Sonra içkimden bir yudum daha alırken, başımı yavaşça sağ tarafa doğru çevirdim. Evet, bence ağır çekimde çevirdim. Ve planladığım kadar çeviremeden yarıda kalakaldım. Okan tam orada duruyordu. Ben de durdum. Tüm dünya durdu. O an her şey durdu. Bardağı sadece dudaklarımda tutuyordum, o kadar. Elim de öyle kaldı, durdu.

Aramızda insanlar vardı. Onun beni görebilmesi için benim olduğum tarafa dönüp dikkatlice bakması gerekiyordu. Ve ben o anda o ihtimali düşünmek istemiyordum. Beni görmesini asla istemiyordum. O anda görünmez olmak için her şeyi yapabilirdim. Çünkü ona bakmak istiyordum. Hem de olabildiğince dikkatle.

Yanındaki kızla sarmaş dolaştı. Gözlerim beni kesinlikle yanıltıyor olmalı diye düşündüm. Böyle bir şey olabilir mi? Bu gerçek olabilir mi? Hayır, sevgilisi değildir; çok sevdiği bir arkadaşı falandır, diye düşündüm. Ama benim bildiğim kadarıyla hiç böyle samimi bir arkadaşı yoktu. Oradan hemen gitmek istedim. Gözlerim doldu. Bardağın yarısı içki doluydu ama ben onu bir dikişte içtim ve hızla oradan uzaklaştım. Dışarı nasıl çıktım, taksiye nasıl bindim, hiç hatırlamıyorum. Tek hatırladığım takside hüngür hüngür ağlıyor olduğumdu.

- Mendil ister misiniz?
- Hayır, var.
- Yapabileceğimiz bir şey var mı?

Adam da şaşırdı tabii. Ben sadece başımı salladım, 'hayır' anlamında ve hıçkırarak ağlamaya devam ettim. Kendime hâkim olamıyordum. Şok geçirmiştim. Gözümün önünde Okan ve o kız vardı. Sol koluyla kızı resmen sarmıştı ve hatta kız başını Okan'a yaslamış gibiydi. Daha çok Okan'a baktığım için kıza fazla dikkat edemedim. Sadece gözlüklü, siyah uzun saçlı, 50 kilo civarında bir kızdı işte.

- Sizi biri mi üzdü?
- Evet, hem de çok.

Tek kelime etmeden çekip gitmesinden çok daha fazla üzdü hem de. Ben onun o konsere gideceğine nasıl adım gibi eminsem, o da benim gideceğimden emin değil miydi? Böyle bir şeyi bana nasıl yapabilir? Benim orada, onu o kızla, o şekilde görebileceğimi düşünemedi mi? Demek ki onun için her şey bitmiş miydi? Nasıl? Ne çabuk?

- Sağda durur musunuz?

İnip iki şişe kırmızı şarap aldım. Gündüzden alamamıştım çünkü, evde yoktu. İçmek istiyordum. İçip sarhoş olmak, bilincimi kaybetmek ve gördüklerimin hepsini unutmak istiyordum.

- Kusura bakmayın. Yanlış da anlamayın ama size bir şey söylemek istiyorum.
- Buyrun?

- Bence hiç kimsenin sizi bu kadar üzmesine izin vermeyin.
- Teşekkürler.
- Yo, hayır. Ben bunu öylesine söylemiyorum. Gerçekten. Yanlış anlamayın ama gözleriniz böyle pırıl pırıl. Yani bence size gülmek daha çok yakışır.
- Teşekkür ederim. Keşke o da böyle düşünseydi.
- O düşünmezse başkası düşünür. Kendinizi üzmeyin bence.

Kilo: 87,8

Yok ben emin oldum, çok üzülürsem kesin kilo veriyorum. Ama ben çok üzülmek istemiyorum. Bu nasıl ikilem? Nasıl olacak bu işler?

Bölüm 27

Facebook hacklemeyi biliyor musun tatlım?

O gece bir buçuk şişe şarap içtim ve ertesi gün bütün gün kustum ve ağladım. Boğazımdan neredeyse tek lokma geçmedi. Kendime bir mercimek çorbası yaptım, bir iki kâse ondan içtim; o kadar. Biraz da yoğurt yedim ve bir kutu da kola içtim. Kendimi perişan hissediyordum. Gözümün önündeki resmin üstünde binlerce düşünce dolanıp duruyordu. Hayallerim kırılmıştı ve her bir kırık parça içime batıp canımı acıtıyordu.

Benim öpmeye kıyamadığım Okan, beni nasıl aldatır? Evet, aldatmak bu. Çünkü ben onu hâlâ çok seviyorum. Onu aramadıysam, ona mesaj yazmadıysam, ona olan saygımdandı. Çok istesem numarasını yine bir şekilde bulurdum. Veya nerede olduğunu bulurdum ve kapısına dayanırdım. Gerekirse ağlardım, ayaklarına kapanırdım. Ama yalnız kalmak isteyen oydu. Ve ben onun bu kararına saygı duydum. Yoksa o, ben onu unuttum mu sandı? Olamaz ki? Çünkü daha kısa bir süre önce arkadaşına sordum onu. Mutlaka haberi vardır bundan.

Belki de gerçekten sadece arkadaşıydı o kız. Olamaz mı? Benim onu bu kadar sevdiğimi bile bile başka bir kızla birlikte olamaz bence. Hem sadece sarılmışlardı, öpüştüklerini görmedim. İnsan çok sevdiği bir arkadaşıyla da sarılabilir. Öpüşmediği sürece sorun yok bence.

Buldum. Yapacağım şeyi biliyorum. Okan Facebook hesabından beni engellemişti ama Ahmet'inki açıktır. Üstelik e-mail adresini de biliyorum. Okan bir kez, evden onun yerine girmişti. O zaman görmüştüm.

- Barış, nasılsın canım?
- İyi abla, sen nasılsın?
- İyi diyelim işte.
- Annem banyoda abla.
- Yok, ben seninle konuşmak için aradım zaten.
- Tamam.
- Barış sen Facebook nasıl hackleniyor biliyor musun tatlım?
- Abla, sen iyi misin? O nereden çıktı?
- Okan'la ilgili. Çok çok önemli benim için. Onun bir arkadaşının hesabını hacklemen lazım ki Okan'ın sayfasını göreyim.
- Nasıl yani?
- Okan hesabını kilitlemiş, mail adresini de değiştirmiş. Sayfasını göremiyorum hiçbir şekilde yani.
- Bilmiyorum ki ben.
- Of, bilen kimse var mı tanıdığın?
- Bilmem ki. Mert var bizim sınıfta. O bilgisayarı iyi biliyor. Ona sorarım.
- Ne zaman sorarsın? Şimdi sor.
- Tamam, dur mesaj atayım.
- Mesaj atma. Arayıp sor.
- Şimdi mi? Seninle konuşurken mi?
- Evet. Cebinden ara şimdi, sor bakayım.
- Tamam. Dur telefonu alayım.

Mert lütfen bu işi halledebilsin diye dua edip duruyordum. Eğer Ahmet'in hesabına girebilirsem, Okan'ın her şeyini görebilirdim. O kızla ilişkisi var mı, yok mu kesinlikle emin olurdum. Hem fotoğraflarına da bakardım. Böyle oturup kendimi yemektense, doğrusunu öğrenmek çok daha iyiydi.

- Ne oldu, Barış? Yapabiliyor muymuş?
- Abla dedi ki, mail adresini verin deneyeyim. Ama olur mu bilmiyorum dedi. Çünkü güvenlik açığı varmış hesaplarda, onu kapatmışlar falan.
- Kim kapatmış?
- Facebook işte.
- Facebook mu kapanmış?
- Abla, sen iyi misin?
- Canım, aklım çok dağınık bugün. İyiyim yani, bir şeyim yok. Annemlere bir şey söyleme sen tamam mı?
- Tamam.
- Facebook açık yani değil mi? Yapabilir?
- Evet. Deneyecek.
- Tamam, ben şimdi sana maili vereyim. Sen Mert'e söyle hemen. Telefonda mı Mert?
- Yok, kapattık.
- Niye kapattın? Söyleseydik, hemen yapsaydı?
- Öyle hemen olmaz ki abla. Programları falan var onun, biraz uğraşması lazım.
- İyi, tamam. Bir an önce yapsın, bana haber verirsin, oldu mu canım? Yaz mail adresini...

Kilo: 86,2

İnsanlık için küçük, kendim için hâlâ büyük biriyim.

Bölüm 28

Peki ben şimdi ne yapacağım?

Her şeyin düzeleceğini umduğum bir anda ve kendimi yepyeni bir hayata alıştırmaya çalışırken böyle bir olay yaşamak beni çok sarstı. Tam net olarak karar vermiş değilim çünkü elimde yüzde yüz doğru bir bilgi yok ama Okan ve o kızın sevgili olma ihtimalleri bana daha yüksek geliyor.

Üç gündür işe gitmiyorum ve Barış'ı aradığımda hâlâ Mert'in uğraştığı bilgisini alıyorum. Amma da zor işmiş şu hack işi. Ahmet'le ortak arkadaşımız falan da yok ki oradan bakayım. Okan'ın hesabına ulaşmaya çalışıyorum hâlâ ama yok işte, kapalı. Hiçbir şey göremiyorum. Aramada dahi çıkmıyor. Besbelli beni engelledi. Telefon numarasını da değiştirmiş, başkası çıkıyor. Ama böyle bir şeyi neden yaptı ki? Ben onun düşmanı mıyım? Ben ona ne kötülük ettim ki?

Bu aşk, sevgi işleri ne tuhafmış. İnsan istiyor ki birini sevsin ve sonra sevdiği kişi hayatının sonuna kadar hep onunla olsun. Çekip gitmek isterse gitsin ama sonra mutlaka tekrar geri gelsin. Sanırım aşk bir bencillik hâli.

Ona ait olan bir dünya olsun ama o dünyanın bir yerinde

ben de mutlaka olayım istiyor insan. En büyük kavgaları bile etsek, hiç kopmayalım. Bilelim ki biz birbirimiz için varız ve her durumda da, her koşulda da olmaya devam edeceğiz.

Birlikte olmak, bir olmak bu değil mi zaten? Aile demek bu değil mi zaten? Annemiz babamız böyle değiller mi? Yorulduğumuzda birbirimize dayanacağız. O benden güç alacak, ben ondan.

Bazen dinlenecek, bazen savaşacağız. Bazen ayrılıp sonra yeniden birbirimize taşınacağız.

Ben Okan'ı gerçekten seviyordum ve hâlâ da çok seviyorum. Yüzüğü parmağımdan hiç çıkarmadım. Onun da beni sevmiş olduğuna adım gibi inanıyordum. Hâlâ inanıyor muyum, bilmiyorum. Belki de beni, bu kadar çok güvendiğim birinin hayal kırıklığına uğratması yıktı. Benim için o, büyük ve güçlü bir çınar ağacı gibiydi. Toprağa sarılmış güçlü kökleriyle tutunuyordu hayata. Ve ben onun gölgesinde huzurla dinlenebiliyordum. Asla yıkılmayacağına veya kaybolmayacağına inanıyordum. Ve ondan beklentim de bu kadardı zaten.

En azından çoğu zaman bu kadardı. Çünkü ben de bir insanım sonuçta. Ve insanın yapısında yetinebilmek yok. İlgi istediğim zamanlar oluyordu, itiraf ediyorum. Ya da bana hediye almasını istediğim bazı günler de. Alamayacağını bildiğim hâlde bunları istemek elbette hoş değildi. Ama onu, işe girmeye teşvik etmek istiyordum. Sadece kendim için değil, onun için de. Çünkü o kendi içinde mutlu ve huzurlu olursa, ben kendi içimde huzurlu ve mutlu olursam, birlikte huzurlu ve mutlu olmamız için hiçbir engel kalmazdı diye düşünüyordum.

- Ben sana oraya gitme demedim mi kızım?
- Daha çok 'gelmez' dedin.
- Bence gelmemiş olsaydı, çok daha iyiydi. Şimdi böyle daha kötü oldu, baksana.
- Bilmiyorum Ayşegül. Ne daha iyi olurdu, ne daha kötü olurdu, bilmiyorum.
- Şu evin hâline bak. Kendini de dağıtmışsın, evi de.
- Boşver.
- Öyle boşvermekle olmaz. Ee Barış ne dedi?
- Mert uğraşıyor dedi.
- Kızım bu yaptıklarına ileride güleceksin, ben sana diyeyim.
- Bilmiyorum. Ama şu anda gülmeye hâlim yok.
- Peki, diyelim ki o kız onun sevgilisi. O zaman ne olacak?
- Bilmiyorum ki, zaten çok kırgınım.
- Peki sevgilisi değilse?
- O zaman umutlanacağım.
- Ya sen hâlâ neye umutlanıyorsun kızım ya? Ay beni sinir hastası edeceksin sen.
- Neden umutlanmayayım?
- Adam seni terk etti. Aylardır aramıyor. Bak konsere gittiğine göre, demek ki İstanbul'da. Niye sana gelmedi? Üstelik eli ayağı da sağlam. Hiç bu açıdan düşünüyor musun sen?
- Vardır bir sebebi herhalde? Bilmiyorum ki.
- Bence sen bir an önce şu aklını başına devşir. Cidden saçmalıyorsun ya.
- Ne yaptığımla alakalı hiçbir fikrim yok ki zaten. Kafam aşırı karışık.
- Eh belli. Adam terk etti diyorum, umut diyorsun. Kızım o seni sevmiyor, anla artık şunu.

Ayşegül'ün sözleri, o ana kadar zaten karışık olan kafamı daha da karıştırmıştı ama bu sözünün ağırlığını bir anda kalbimde hissettim. Canım zaten yanıyordu. Ve Ayşegül hiç de yangın söndürücülük yapmıyordu.

- Neden sevmesin? Yalan mıydı her şey?
- Yalan değildi belki ama artık sevmediği çok açık.
- Belki ne demek?
- Bilemezsin ki. Belki başta sevdiğine inandırdı seni, o kadar.
- Sence öyle mi? Öyle bir hâli var mıydı benimleyken?
- Bilemeyiz diyorum işte. Olabilir. Sen niye buna bu kadar güveniyorsun, ben onu anlamıyorum?
- Birlikte aynı evde yaşadık biz onunla Ayşegül.
- İnsanlar yıllarca evli kaldıkları eşlerini tanımıyorlar kızım.
- Tanımama değildir o, bir şey oluyordur.
- Ne oluyordur? Bir gün bir kitap okuyup hayatları mı değişiyordur? Ve bir anda bambaşka biri olmaya mı karar veriyorlardır?
- Belki de?
- Yok, sana laf anlatamayacağım ben. Kısır getirdim, biraz ye de beynine oksijen gitsin.
- Hiçbir şey yiyesim yok Ayşegül ya.
- Şu durumda diyet yapılmaz kızım. Rengin falan solmuş.
- Diyet yapmıyorum ki. Canım bir şey yemek istemiyor.
- Nasıl oluyor da peki şimdi yemek istemiyor? Hep böyle olsan demek, kendine sıkıntı etmeden kilo verirsin sen ha.

Kasap et derdinde, koyun can derdinde. Ayşegül genelde benim kiloma fazla takılmaz. Sadece, yine kilo aldım diye dırdır ettiğim dönemlerde bana kızar ve zayıflamam için gaz verir. Bu beni mutlu eder. Ama bu kadar üzgün olduğum bir günde değil.

- Bilmiyorum ki. Çok üzülünce vücut bir şeyler salgılıyor, insanın iştahı kapanıyor herhalde. İlk ayrıldığımızda da böyle olmuştum.
- Çok sinirliyim Okan'a karşı, biliyor musun? O konsere ben de gelseydim keşke de, orada onları görünce yanına gidip iki kelime edip iki tokat çaksaydım o hıyara.
- Deme öyle, Ayşegül.
- Bak hâlâ kıyamıyor. Sinirden elimi kolumu ısıracağım ya.
- Ben onun gibisini bir daha bulamam.
- Evet, bulamazsın. Seni böyle sevdiğine inandırıp, sana hayaller kurdurtup, ondan sonra terk edip, geleceğine kesin emin olduğu bir yere yeni sevgilisiyle gidecek kadar duyarsız bir adam daha bulamazsın. Doğru.
- Anlamıyorum işte, ben de anlamıyorum ama konduramıyorum.
- Çünkü aslında söylediklerimin doğru olduğunu sen de bal gibi biliyorsun. Ama sadece inanmak istemiyorsun. Kabul et artık şunları.
- Elimde değil ki.
- Elinde. Gerekirse sana bin kere söyleyeceğim kızım bunları. O kafana girene kadar, her gün söyleyeceğim. Beni düşmanın gibi görsen de, bana kızsan da söyleyeceğim işte. Ne yaparsan yap.
- Kızdığımdan değil.
- Kızıyorsun, ben seni bilmez miyim. Ama dost acı söyler kızım. Seni boş yere ümitlendirsem, zaten dostun olmam, bunu bil.
- Biliyorum canım benim. Ama sen de beni anla.
- Anlıyorum kızım. Anlamıyorum mu sanıyorsun? Ben de yaşadım bunları, biliyorsun. Üstelik sen de ilk kez yaşamıyorsun.
- Evet ama bu sefer farklı. İlk kez bu kadar ciddi bir ilişkim olmuştu. İlk kez bu kadar uzundu. İlk kez yıldönümü kutlayacaktım bir sevgilimle.

- Bak hayatını ne güzel düzene koymuştun. Ne güzel rejimini, sporunu yapıyordun. Ne oldu yani şimdi? Ne değişti?
- Okan için yapıyordum. Yoksa umrumda mı?
- Bu hayat senin hayatın. Bu hayatta bir Okan olur, bir Ali olur, bir Veli olur kızım. Sen hayatını başkalarına göre mi yaşayacaksın?
- Öyle mi yapıyorum acaba?
- Evet, aynen öyle yapıyorsun. Tek başına, dimdik ayakta durmayı öğrenmelisin. Bak, şu anda Emre'yle ayrılabiliriz.
- Sorun mu var? Ne oldu?
- Hayır, misal olarak söylüyorum. Yani var tabii de, öyle çözülmeyecek şeyler değil. Neyse konu da bu değil zaten.
- Ne oldu, anlatsana?
- Aman, ne olacak? Annesi, babası, kardeşi falan karışıp duruyor ilişkimize. Sırf bu yüzden başka şehre taşınmayı düşünüyorum. Sıkıyorlar gerçekten de.
- Başka şehre mi? Ben ne yapacağım?
- Bak yine aynı şeyi yapıyorsun işte. Hayatında ben de olmasam, sen tek başına ayakta durabilmelisin diyorum sana. Ki ben olacağım. Her zaman. Yani bir şekilde.
- Gidemezsin. İzin vermiyorum.
- Kesin değil zaten kızım. Sadece aklımda bir fikir olarak var. Emre'yle ciddi ciddi oturup konuşacağım bu konuyu yarın bir gün. Artık evlendik, onun ailesi benim yani. Onlara hâlâ bu kadar bağlı olmasının âlemi yok.
- Evlilik de zor Ayşegül, değil mi?
- İşte böyle şeyler yüzünden zor. Yoksa çok güzel. Ben hep çok doğru bir karar verdiğimi düşünüyorum o konuda.
- Ne güzel.

Ayşegül daha önce iki kişiyle uzun ilişki yaşamıştı. O zaten ilişkilerine hep evlenmek üzere başlayanlardandı. Üniversite yıllarından beri hep düğün hayalleri kurardı. Ben öyle değildim. Belki umudumu kestiğimden, erkekleri pek fazla düşünmezdim. Nasılsa bana bakmazlar, benimle kim evlenir, bana kim âşık olur ki diye düşünürdüm. Hatta biri benden hoşlanacak olsa, altında başka sebepler arardım.

Üniversitede kafamı derslere gömmüştüm ama o aralar takıldığımız bir kütüphane vardı. Orada çalışan çok naif, çok güleryüzlü bir çocuğu beğeniyordum. İçe kapanık bir tipti. Onun da bana ilgi duyduğunu sanmıştım. Belki de sırf bu yüzden, zaman içinde ona karşı duygular beslemeye başladım. O kadar obezdim ki, duygularımı bile gereğinden fazla besliyordum.

Bir zaman sonra aramızda yakınlaşma oldu. Oldu fakat çok kısa sürdü o ilişki. Hatta ilişki bile denemez; 3-4 kez çıkıp sinemaya, tiyatroya gittik ve sonra ben çok sıkılınca ayrıldık. Benim için doğru kişi değildi o.

- Sen de evleneceksin tatlım. Hem de seni el bebek, gül bebek elinin üstünde tutacak biriyle. Böyle terk edip gitmeyecek biriyle evleneceksin.
- Ben evlilik hayalini ilk kez Okan'la yapmıştım. Hatta gelinlik modelime kadar düşünüyordum ara sıra. Şöyle bol etekli, kilolarımı kapatacak modeller. Tabii hayalimde bile kumaş yetmiyordu. Perdeciye gidiyordum sonra.
- Ay âlemsin, güldürdün beni yine. Bak tatlım, bu hayat senin hayatın. Sen nasıl mutlu oluyorsan, kendin için o yaşamı seçeceksin.
- Bir şeyin beni teşvik etmesi gerekiyor Ayşegül ya.
- O teşviği dışarıdan beklersen, mutlu olamazsın diyorum işte. Sen kendi kendini mutlu edebilirsin. Teşvik de edebilirsin. Senin kendi mutluluğun, başkasından önemli değil. Kendi mutluluğun için kendini teşvik edeceksin.

- Doğru söylüyorsun.
- Doğru söylüyorum da, bunlar bir kulağından girip diğerinden çıkmasın. Ay dilim damağım kurudu sana laf anlatmaktan. Kahve yapayım da içelim.
-Tamam. Çıkmaz.

Ayşegül kalkıp mutfağa doğru gitti. Kahve fincanlarını ve cezveyi çıkartırken de oradan konuşmaya devam etti.

-Bak kızım, bu hayata bir kez geliyoruz. Başka hayat yok yani. Yedeği de yok anlıyor musun? Kaybedecek vakit de yok. Çünkü hayat çok kısa.

Bu söylediği son cümleyi daha da vurgulayarak söylemişti. Ama mutfakta olduğu için sanki boşluktan bir yerden gelmişti. Dışarıdan, sokaktan, havadan, gökyüzünden gelen bir sesti sanki.

- Hah başladı hayat kısa muhabbetine.
- E öyle ama. Bak Okan için kaç gündür üzülüyorsun. Onun yerine kendin için hoşuna gidecek bir şey yapsaydın ya.
- Çok hâlim var ya, sorma.
- Şekeri nereye soktun kızım? Bu kavanozların orada yok?
-Bilmem.

Başımı yere eğmiş, halının saçma sapan motiflerine dalmıştım. Ayşegül'ün ne sorduğunu anlamamıştım bile. O anda ne sorsa aynı cevabı verirdim. Hiçbir şey düşünmeden duruyordum.

Ayşegül, elinde cezveyle salona girdi.

-Böyle oturup duracak mısın? Tam kaç gün mesela?

Evet, öyle oturup duracaktım sanırım. Gerekirse üç gün, beş gün, yirmi gün, bin gün. Çünkü kafamda netleşmemiş bir soru vardı. Yine ne olduğunu anlamadığım, çözemediğim bir durum vardı ortada. Dev soru işareti yine kafamın üstünde benimle birlikte dolanıp duruyordu. Ve bir şeyleri bilmemek, insana en kötü gelen şeydi bence. Bundan sonraki günlerde ne yapacağım? Tam olarak ne olacak? İşte insan, bu sorular yanıtsız kaldığında bunalıma giriyordu belki de.

Kilo: 85,0

Ulan spor yaptım, bu kadar kilo vermedim be! Demek ki aşk spordan daha çok yağ yakıyormuş.

Bölüm 29

(...)

Bir hafta boyunca hiç işe gitmedim. Zaten önemli bir gelecek gidecek de yoktu.

Aslında ben artık haftada 3-4 gün bile işe gitsem yeterli. İlk günlerde tek başıma uğraşmıştım her şeyle. Dükkânın perdesini asmaktan, tezgâhını dizmeye kadar. Gerçekten yorucu günlerdi. Ama artık her şey oturdu. Yaptığım şey çoğunlukla mağazaya girip, çok beğendiği bir küpeyi ya da tokayı veya eşarbı alıp oradan mutlulukla ayrılan insanları izlemek. Sanırım bu bana terapi gibi geliyor ve işimi bu yüzden seviyorum. Mutlu insanlar beni mutlu ediyor. İnsanları mutlu etmeyi seviyorum. Onları mutlu görmeyi seviyorum. Aynı şeyi kendim için de düşünmeye başladım artık.

Bu bir hafta boyunca pek çok film izledim. Balkondaki saksılara nane, maydanoz ve küçük renkli çiçekler açan tohumlar ektim. 2 günde bir ihmal etmeden suluyorum.

Birkaç gündür sokak kedileriyle tekrar ilgilenmeye başladım. Teyzemi, halamı aradım. Özel yemeklerinin tariflerini not aldım. Buzdolabının kapağındaki tüm fast food magnetlerini atıp, yerlerine o notları yapıştırdım.

Uzun süredir belki de ilk kez kendimle konuştum. Kendimi dinledim. Beni nelerin mutlu ettiğini pek sormamışım kendime, tuhaf. Mesela deniz kenarında yürümekten hoşlandığımı farkettim. Bunu haftanın birkaç günü yapmaya karar verdim. Nasılsa artık kendime ayıracağım daha çok zaman olacak.

İnsan başkalarıyla konuşurken mesela "Ben kitap okumayı sevmem" diyor. Ve bunu 15 yaşındayken söylüyor. Sonra aradan yıllar geçiyor ve aynı şeyi söylemeye devam ediyor. Oturmuş bir kalıp, ezberlenmiş bir söz oluyor bu zamanla. Hâlbuki bildiği tüm sözleri unutsa insan ara sıra, belki de bambaşka biri olur? Belki de insan bazen yeniden, sıfırdan tanışmalı kendiyle.

Ayşegül'ün söylediklerini çok düşündüm. Bunları bana daha önce de, zaman zaman söylemişti ama bu sefer daha çok ilgimi çekti. Ya da gerçekten anlayabilmem için en doğru zaman buydu.

Haklıydı. Öncelikle ben kendi içimde mutlu olmalıydım. Bana hiçbir açıklama yapmadan çekip giden bir erkek, bana saygı duymuyor demekti. Üstelik bunu, daha sonra yine kolaylıkla yapabilir demekti. Bu da ona güvenemem demekti.

Beni, benim düşündüğüm kadar çok sevmiyor demekti. Ben kendi algımda bir Okan yaratmıştım sanırım. Kendi işime geldiği gibi. Kendi sevdiğim gibi bir Okan. Bazı noktalarda benim hayatımı kolaylaştırması hoşuma gidiyordu, hepsi bu. Yaptığı tek şey buydu belki gerçekte. Ama o gerçekte ne hissediyor, neler istiyor, içinde tam olarak neler yaşıyor, belki de hiçbir zaman anlamamıştım. Belki de hiçbir zaman gerçekten sormamış ya da dinlememiştim, kim bilir...

Hem ben birine bu kadar yaslanma içgüdüsü içindeyken, karşımdakini sıkmamam mümkün de değildi. Kim ister ki kendi ağırlığı dışında bir başkasının da ağırlığını taşımayı? Hele bir de benim kadar ağırını! Hayat sadece benim için mi zor? Onun için de zor. Belki o ağacın içinde karanlık, koca bir boşluk vardı. Belki hepimizin içinde var. Ve bunu doldurabilecek olan şey ne para ne bir insan ne de başka bir şey. Sadece kendimiziz.

Ben kendi mutluluğumu ve huzurumu sağlayamadan, bir başkasınınkini sağlayamam. Bir şeyi isterken, bencillik yapıyorum diye düşünmemeliyim. "Bu benim hoşuma gidiyor, peki aynı onun da istediği bir şey mi?" diye düşünmem gerekiyor. Önce kendime, sonra başkalarına saygı duymam gerekiyor.

Kendimden başka birine ihtiyacım yok artık. Ben poponla, kalçalarımla, kilolarımdan ya da kıyafetlerimden ibaret değilim ki. Benim fikirlerim de var. Hem de yıllarca yaşayarak ve yaşadıklarımdan elde ettiğim çıkarımlarla oluşturarak sahip olduğum fikirler. Beni ben yapan şeyler bunlar. Ve benim fikirlerim değerli. İşte bu yüzden bana saygı duymayan, beni hoyratça kıran birini affedemem.

Evet işte anladığım en önemli şey bu oldu. Ben Okan'ı

affedemem. Şimdi, şu dakikada kapıma bile gelse, ayaklarıma bile kapansa, ona olan kırgınlığım geçmez ki? İçimde bir yerde, beni bu kadar üzdüğü için ona karşı hep bir kızgınlık kalır. Onu çok sevdiğim bir gerçek. Ama kırgın bir kalbin içinde yaşayamaz ki sevmek.

Kilo: 84,6

İnanılır gibi değil. Acaba diyet sektörüne mi girsem? Kitap yazarsam sloganım bile hazır, "Mucize Aşk Acısı Diyeti'yle kendi kendinizin yarısına veda edin!"

Bölüm 30

Neysem neyim, ben ben'im

Spora haftada 3 gün gidiyordum. Deniz kenarında yürüyüşü ise bir gün yapıyordum. Çünkü hava soğumuştu ve zaman zaman kar yağıyordu. Yine de üşenmiyor, akşamları bir saat bizim sokaklarda dolaşıp kedilere yemek dağıtıyordum.

Kendime güzel tencereler, tavalar aldım. Yemek yapmaktan artık biraz daha fazla zevk alıyordum. Salata hazırlamak beni azıcık da olsa rahatlatıyor gibiydi. O marulları, lahanaları, soğanları ince ince doğramak; domateslerin, salatalıkların, havuçların kabuklarını soymak; rendelemek ve tabağa güzel bir şekil vermek hoşuma gidiyordu. Kendim için özeniyordum artık.

Haftada bir gün mutlaka Ayşegül'e uğruyordum. Evine gidiyordum veya o bana geliyordu. Yeni öğrendiğim bir yemek tarifini ilk onda deniyordum. 2 haftada bir de bizimkilere gidiyordum.

Saçlarımı küt kestirdim. Ne kadar rahatmış kısa saç. Haftada bir gün de saçlarıma bakım yapıyordum. Karışımı saçıma sürüp bir film izliyordum.

Artık kilo vermeyi kafama takmıyordum. Çünkü bunu stres hâline getirdiğimde, aksine kilo aldığımı farkettim. Ben artık yaşam biçimimi değiştirdim ve kendiliğinden kilo vermeye de başladım. Canım içmek ya da kalorili bir şeyler yemek isterse, ki pek istemiyordu, kendime engel olmuyordum. Ve yiyip içtikten sonra pişman da olmuyordum öyle eskiden olduğum gibi. Bir tanecik canım var, canım da ne isterse yemeye hazırım. Benim canımdan önemli mi canım?

Sonra işe gitmediğim bir gün Beşiktaş'a geçip kendime birkaç ayakkabı aldım, ardından üniversiteden bir arkadaşımla buluştum. Bir iki saat oturduk, sonra annemlere geçtim. Beni mutlu gördükleri için onlar da mutlu oldular. Babamla bir el tavla attık, yine yenildim.

Sonra Barış yanıma gelip "Abla o Facebook hesabı vardı ya" diye lafa başlayacak oldu, "Artık önemli değil tatlım. Gerek yok" diye sözünü kestim. Bence Mert o işi halletmiştir. Barış da Ahmet'in hesabına girip Okan'ın o kızla olan fotoğraflarını görmüştür ve bana o yüzden bir türlü haber vermemiştir diye düşündüm. Barış, yaşı küçük olmasına rağmen çok akıllı ve düşünceli bir çocuktur.

Sonra da o an, Okan'ı günlerdir ilk kez düşündüğümü farkettim. Düşünmek sayılmazdı aslında ama adını zikretmiştim. İç sesimle de olsa.

Güzelce anne yemeği yedikten sonra, hazır yakınken şu Tarabya'daki yere gideyim, bir iki kadeh bir şey içip yeni aldığım kitabı inceleyeyim dedim. Kitabı uzun süredir almak istiyordum, gayet heyecanlıydım.

Evden ayrıldım ve Tarabya'ya doğru yola koyuldum. Henüz akşam olmamıştı. Kaldırımların üstündeki kar erimemişti. Şehir kocaman bir pastaymış da, üstüne pudra şekeri dökülmüş gibiydi. Beni mutlu ediyordu bu görüntü.

Ben zaten artık saçmasapan bile olsa her şeye sevinebiliyordum. Hayatımda görünüşte bir şey değişmemişti. Yani 1,5 ay öncesine göre, hemen hemen her şey aynıydı ama içim başkaydı. Ve bu mutluluk hâli bana, sadece kendimi mutlu etme kararından sonra gelmişti. Ne tuhaf.

Kafeye girdim. Girişte kapalı, büyük bir oturma alanı vardı. Ama asıl burayı ünlü yapan şey, o alanın sonundaki kapıdan geçince, ağaçlıklı güzel bir bahçeye açılan bölümdü. İşte ben de dosdoğru oraya gittim.

Buraya genelde kalabalık geliniyor herhalde çünkü çoğunlukla büyük masalar ve etrafında dörder beşer koltuk bulunuyor. Bir gün mutlaka Ayşegüllerle de gelelim diye geçirdim aklımdan. Hem erken de kapanmıyor. Yemek var, içki var, tatlı var, salata var. Duvarlar ve zemin hep ahşaptan. Ve bahçedeki ağaçlarla o kadar uyum sağlamış ki bu ahşap yapı.

Herhalde yaklaşık 30 masa falan vardı bu geniş alanda. Ve 20'si doluydu. Ben kapıya yakın bir yere oturdum. Çünkü küçük masalar oradaydı. Tek başıma gelip 6 kişilik masaya oturmayacaktım herhalde. Eskiden olsa belki. Ama artık kilo vermiştim. Üstelik 4 kişilik asansörlere bile sığabiliyordum şimdi.

Montumu çıkarıp yanımda duran garsondan hemen bir menü istedim. Ben yerleşirken menü hızlıca geldi. Biraz inceledikten sonra, kendime hafif bir kokteyl söyledim. Çantamı ve ayakkabı poşetlerimi yanımdaki koltuğa koymuştum. Uzandım ve çantamın içinden telefonumu, sigaramı, çakmağımı ve kitabı çıkardım.

Diğer yanımda büyük bir ağaç vardı. Sanırım söğüt ağacı. Yaprakları yere kadar uzanıyordu neredeyse. Ve mekân sahibi, bakımları dışında onlara hiç müdahale etmemiş gibiydi. Çok doğal ve güzel bir ortamdı. Ne tarafa doğru büyümek istiyorlarsa, öyle büyüyorlardı. Belli ki hepsi yıllanmıştı.

Kim bilir ne konuşmalar duymuştur bu ağaçlar burada diye düşündüm. Sonuçta çiçeklerle konuşan ev kadınları diye bir gerçeklik var. Demek ki bitkiler bizi duyabiliyor, bizimle enerji alışverişi yapabiliyorlar. Bir ara internette izlediğim bir video geldi aklıma. Suya değişik müzikler dinletiyorlardı. Eve gidince onu bulup tekrar izleyeyim unutmazsam diye geçirdim aklımdan.

Bunları kitabın ilk sayfasını açıp boş boş bakarken düşündüm. Sonra birkaç sayfa ileri aldım. Önsözü ve bazı bilgileri geçtim. Onlara genelde kitap bittikten sonra bakıyordum. Tabii eğer kitap hoşuma gitmişse.

Birkaç sayfa daha geçip içinde hangi bölümler olduğuna baktım. İlgimi çekeceğine emindim ve tam istediğim gibiydi. Ramses'i anlatıyordu.

Şu kedi işinden sonra Eski Mısır'a, firavunlara falan biraz takmıştım. O zamanlar hemen hemen hepsinin kedisi varmış ve onlarla gömülüyorlarmış. Bana çok ilginç gelmişti. Ramses de en çok tapınak yaptıran firavunmuş. Öldükten sonra insanların, arkasından onu iyi anmalarına ve şükretmelerine çok önem vermiş. Tüm detayları öğrenmek için sabırsızlanıyordum.

İçkim geldi. Garsona teşekkür edip hemen içmeye başladım. O sırada da biraz etraftaki insanlara baktım. Herkes gayet mutlu gözüküyordu. Zaten burada mutlu olmamak imkânsızdı bence.

Kitabı satır satır okumuyor, sadece bölümlerde neler anlatıldığına şöyle bir göz gezdiriyordum. O sırada çantamın koltuktan kaydığını farkettim, herhalde ayağım çarpmıştı. Ayakkabı kutularından birini alıp sol tarafıma, yere koydum ve işte o an hayat çizgim ikiye ayrılmış gibi oldu.

"Ayakkabı kutusunu oraya koymasaydım ne olurdu?" ve "Koyunca ne oldu?" diye.

Koymasaydım, herhalde kitaba biraz daha bakıp, bir içki daha içmeden oradan kalkardım. Hesabı içerideki kapalı bölümde, giriş kapısının yanındaki kasada öder ve evime giderdim. Geçen gün marketten aldığım tavuğu, ızgaralı tavamda pişirir, yanına güzel bir salata yapardım. Sonra bir kahve içer, belki bir film izlerdim. Sokağa çıkıp kedilere mamalarını dağıtır, eve dönerdim. Banyo yapardım.

Belki yeni saçlarım için değişik modeller araştırırdım. Bir tane muz yerdim. Ya da muzlu süt yapardım kendime. Unutmazsam, şu müzikli sulu videoyu izlerdim. Sonra yatağıma yatıp kitabı okumaya başlardım ve sonra uykum gelirdi. Kitabı komodinin üzerine koyup radyodan kısık sesle klasik müzik açardım. Okuduklarımı düşünürdüm. Gözümde canlandırıp izlerdim ve yavaş yavaş uykuya dalardım.

Ama koydum. Ve adamın biri yanımdan geçerken o kutuya çarptı.

Ben panikle hemen kutuya doğru eğildim, adamın bacaklarını gördüm. Kutuyu biraz daha kendi tarafıma çektim ve başımı kaldırarak adama "Özür dilerim" dedim.

Orta yaşlı, hafif uzun saçlı, gözlüklü, ince bir adamdı. "Önemli değil, rica ederim" dedi. Sonra ben kendime kızarak içimden "Tam yolun ortasına koymuşum" diye geçirdim ve hafifçe gülümsedim salaklığıma. Sonra da etrafa baktım, bu yaptığım salaklığı görenler acaba şu anda bana nasıl bakıyor diye.

İşte o anda, tam köşedeki masa dikkatimi çekti. Benim oturduğum masadan dört beş masa uzaklıktaydı. Yeni bir grup gelmiş, henüz masaya yerleşiyordu.

5 kişilerdi. Ve içlerinden biri de Okan'dı. Yanında da konserde gördüğüm kız vardı.

Gözlerimi kısıp biraz daha dikkatle baktım. Okan benim karşıma denk gelecek şekilde oturdu. Kız yan açıdaydı.

Okan'ın sakalları uzamıştı. Biraz da bıyıkları vardı. Saçlarını yandan ayırmıştı. Onu hiç öyle görmemiştim. Benimleyken hepsini arkaya doğru yapıştırıp dururdu.

Biraz da kilo almış gibiydi. Belki bir iki kilo. Gözlerinin altındaki hafif çöküklük kaybolmuştu. Kendi aralarında konuşuyor ve kahkahalarla gülüyorlardı.

Bir anda gözlerim doldu. O kadar büyük bir mutluluk hissettim ki içimde. Özlemle karışık bir mutluluk gibiydi. Onu çok uzun zamandır öyle gülerken görmemiştim. Benimleyken sadece tatlı tatlı gülümserdi. Çok komik bir film izliyor olsak bile, en fazla bir kez "Haha" yapardı, hepsi o.

Demek şimdi o da mutluydu. Üstelik yanındaki kız da öyle. Bir an içim burkuldu. Kıskandım. Keşke birlikte bu kadar mutlu olabilseydik diye geçirdim içimden.

Gözlerimi ayırmadan izledim. Okan beni her an görebilirdi. Ama umrumda değildi. Görseydi ne yapardı, bilmiyorum. Acaba başını mı çevirirdi? Oradan kalkıp gider miydi? Yoksa yanıma mı gelirdi? Benimle konuşur muydu? Ne derdi?

Bunların hiçbirini bilmek istemiyordum. Söylenmemiş sözler, öylece kalmalıydı yerli yerinde.

Bir süre daha uzunca, son kez baktım ona. Daha çok mutlu olmasını diledim. Çünkü o mutluluğu hak eden biri diye düşündüm.

Ben de öyleyim. Kim bilir, belki bir gün birine yine böyle çok âşık olurum? Belki birlikte hep güleriz, hep güzel şeyler düşünürüz. Belki bir gün birlikte, aynı spagettinin iki ayrı ucundan hüp yaparız? Belki hiç ayrılmayız?

Ben Okan'ı sevdiğim her gün, onunla olduğum her gün mutluluğumuzu düşündüm. Ve o, hayatımda çok güzel bir yere sahipti. Hayatıma girdiği için, onun gibi birini tanıdığım için, bana bir süre de olsa destek olduğu için, beni sevdiği ya da yanımda durduğu için, bu yolculukta yollarımız bir şekilde kısa bir süreliğine de olsa birleştiği için ona teşekkür ettim içimden.

Sonra torbalarımı aldım. Çantamı toparlarken parmağımdaki yüzüğü çıkarıp masanın kenarındaki ağacın dibine bıraktım.

Ve kapıdan geçip hesabı ödemeye giderken, bir kez daha dönüp ona baktım. Bana bakmıyordu, bakmamıştı veya bakmış olsa bile beni arkamdan tanımamıştı.

Başımı öne çevirdim. Yere bakarak, hüzünlü kısa bir gülümsemeyle göz yaşlarımı tutmaya çalıştım. Kendime küçük bir limonlu pasta aldım ve oradan ayrıldım.

Yol boyunca gökyüzüne baktım, denize baktım, kara baktım. Sessizce ağladım. Hava artık biraz daha karanlıktı ama böyle de bir başka güzeldi bu şehir. Bir başka anlamlıydı. Şimdi durup baktığım yer daha farklıydı. Daha yabancıydı ama bu hoş bir yabancılıktı.

Eve geldim. Çantamdan anahtarımı çıkarıp, apartmana girdim. Kesinlikle düşünceli ve dalgın bir hâlim vardı. Merdivenleri yavaşça çıktım ve evin kapısına geldim. Kapının önünde büyük bir paket vardı. Ve üzerinde de okunaklı bir el yazısıyla yazılmış bir not.

"Gecikmeden dolayı çok özür diliyorum. Setinizi eksiksiz ve sağlam olarak getirdim. Saygılar - Murat Özak..."

Kilo: Bilmiyorum

En son ne zaman baktım, onu da hatırlamıyorum.
Önemli de gelmiyor bana. İçimde başka bir his var,
sanki her şey yoluna girecekmiş gibi bir his.
Bir şekilde...

Dizüstü Edebiyat dizisi kitapları:

Küçük Aptalın Büyük Dünyası, *PuCCa*
Piç Güveysinden Hallice, *samihazinses*
Bizim de Renkli Televizyonumuz Vardı, *OnurGökşen*
Sorun Bende Değil Sende, *PinkFreud*
Bayılmışım... Kendime Geldiğimde 40 Yaşındaydım, *Şebnem Aybar*
1 Kadın 2 Salak, *Fatih Aker & Livio Jr. Angelisanti*
Erkek Dedikodusu, *FrenchOje & T. B.*
Bir Apaçi Masalı, *Angutyus*
Pucca Günlük Ve Geri Kalan Her Şey, *PuCCa*
2011'in Bobiler Tarihi, *bobiler.örg*
Bir Alex Değilim, *İstiklal Akarsu*
Sorun Bendeymiş, *Pink Freud*
Yedi Kere Sekiz, *OnurGökşen*
Erkek Dedikodusu2, *FrenchOje & T. B.*
Dünyada Aşk Varmı?, *MarslıKovboy*
Bir Apaçi Masalı 2 - Kebabman, *Angutyus*
Allah Beni Böyle Yaratmış, *PuCCa*
Olsa Dükkân Senin, *İstiklal Akarsu*
Beni Hep Sev, *Pink Freud*
Allah Belanı Versin Brokoli, *Onur Gökşen*

Keşke Ben Uyurken Gitseydin..., *French Oje*
Gülfim Abla, *Meltem Parlak*
Bir Apaçi Masalı 3 - Gurbet Kuşu, *Angutyus*
Kızsız Adam, *Okan Vardarova*
Ay Hadi İnşallah!, *PuCCa*
Atarlı Romantik, *Velveleyeverdim*
Olur Öyle, *İstiklal Akarsu*
Garson ve Mutlu, *Fulsen Türker*
Sen Yokken Yine Yanlış Yaptım
Keşke Ben Uyurken Gitseydin 2, *French Oje*
Popom Olmadan Asla!, *Şişman Kız*

okuyan us.COM.TR

/okuyanusyayinevi   @okuyanus
/okuyanusyayinevi   @okuyanus
/dizustuedebiyat   @dizustuedebiyat
/ucgunlukdunyaedebiyati @ucgunlukdunyaed
/floradizisi